PANORAMA DER STRASSE UNTER DEN LINDEN

PANORAMA DER STRASSE UNTER DEN LINDEN

vom Jahre 1820

Text Hans-Werner Klünner

Nicolai

Satz: Nagel Fototype, Berlin
Offsetlithos: O.R.T. Kirchner + Graser GmbH, Berlin
Druck: H. Heenemann GmbH, Berlin
Printed in Germany
ISBN 3-87584-376-2

VORWORT

Die Lindenrolle entstand zu einer Zeit, als in Berlin die sogenannten Panoramen und Dioramen äußerst beliebt waren. Folgerichtig bezeichnete Jacobis Kunsthandlung die Lindenrolle in ihrer Ankündigung in der Haude & Spenerschen Zeitung vom 18. November 1820 als „Panorama vom Königl. Schloß bis zum Brandenburger Tor“ und fügte noch hinzu, das „Panorama“ sei auch „in einer kleinen Camera obscura anzuwenden“.

Schon 1801 hatte der Maler Friedrich Tielcker ein Panorama geschaffen, das Berlin vom Dach des Domes zeigte, und seit 1805 hatte Karl Friedrich Schinkel mit seinen „perspektivisch optischen Schaubildern“ von Konstantinopel oder Palermo die Berliner belehrt und begeistert. Nach den Befreiungskriegen stellte Wilhelm Gropius die politischen Ereignisse zwischen 1813 und 1815 in Panoramen dar. Etwa zur gleichen Zeit erprobte Schinkel in seinen Dioramen sogenannte historische Landschaften, in denen das Leben in der Antike vermittelt wurde. Mit der Darstellung der antiken Stadt oder Panoramen von berühmten Städten wie Konstantinopel wurden zugleich neue Vorbilder für die Architekturmalerei entwickelt. Das eigentliche Vorbild für die Lindenrolle könnte eine ähnliche, aber kleinere Rolle sein, die um 1816 in Paris entstanden war und die Champs Elysées als Häuserzeile abbildete. Allerdings ist nicht einwandfrei nachzuweisen, daß diese Rolle in Berlin bekannt war.

Gleichzeitig mit den Panoramabildern entstand eine Vielzahl graphischer Stadtdarstellungen, auf denen Sammlern und Reisenden das Aussehen der preußischen Hauptstadt vermittelt wurde. Ihnen vorangegangen war im letzten Drittel des 18. Jahrhunderts Rosenbergs repräsentative Radierungsfolge mit Berliner Stadtansichten. Neben großformatigen und drucktechnisch aufwendigen Blättern wie Lütke/Bergers berühmter Aquatinta-Radierung des Brandenburger Tores von 1798 standen kleine, häufig zu Serien zusammengefaßte Graphiken qualitätvoller Künstler wie Friedrich August Calau, die zwischen 1795 und etwa 1825 im Auftrag verschiedener Verleger erschienen. Derartige architektonische Ansichtsgraphiken sind für Berlin ebenso charakteristisch wie die perspektivischen Darstellungen der Architekten, wie sie in Schinkels „Sammlung architektonischer Ansichten“ seit 1819 am überzeugendsten zum Ausdruck kommen. Die graphischen Architekturansichten prägten letztlich auch die Berliner Architekturmalerei, die ab 1820 immer stärker an Bedeutung gewann.

Außer romantischen Darstellungen mittelalterlicher Kirchen und Klöster waren gerade die bedeutendsten und vor allem die modernsten Gebäude im Zentrum Berlins ins Blickfeld der Maler gerückt. Schloß und Zeughaus, Oper und Universität, Schinkels Neue Wache und die Palais der königlichen Familie, die alle auf der Lindenrolle zu finden sind, stehen auch im Mittelpunkt zahlreicher Gemälde von Eduard Gärtner, Wilhelm Brücke, Friedrich

Wilhelm Klose und anderen. Die Lindenrolle entstand in einer Epoche, die gerade in Berlin der architektonischen Stadtdarstellung eine besondere Bedeutung beimaß. Bedenkt man die Funktion der prachtvollen „Linden“ als Verbindungsstraße nach Charlottenburg, als Zugang zum Tiergarten und als pulsierende Mittelpromenade, auf der man sah und gesehen wurde, so versteht man das Engagement des Verlegers, der die zusammen acht Meter langen Streifen in einer Luxusausgabe auch noch handkoloriert herausbrachte. Daß als Endpunkt der Allee nicht das Schloß, sondern das Brandenburger Tor auf der Kapsel abgebildet wurde, hat seinen Grund wohl nicht nur in der Eingangssituation des klassizistischen Stadttores, sondern auch in der Wertschätzung einer neuen bürgerlichen Architektur.

Die in zwei Fassungen verkaufte Lindenrolle war ursprünglich sicher für einen größeren Kundenkreis bestimmt, dennoch haben sich kaum Exemplare erhalten. Eine 1908 vom Märkischen Museum erworbene farbige Fassung galt schon damals als Rarität. Sie ist bedauerlicherweise durch Kriegseinwirkungen und Wasserschäden stark in Mitleidenschaft gezogen worden. 1966 konnte der Verein der Freunde und Förderer des Berlin Museums eine nicht kolorierte Fassung über den Kunsthandel ankaufen. 1982 erwarb der Verein wiederum aus dem Kunsthandel ein vorzüglich erhaltenes, koloriertes Exemplar, das als Vorlage für die nun erstellte Replik und die Publikation diente.

Weitere Exemplare befinden sich in Privatbesitz; soweit bekannt, handelt es sich dabei um Stücke, die entweder nicht ganz vollständig erhalten sind, oder um Exemplare, die nachträglich koloriert wurden. In allen Fällen fehlt die Zinkblechkapsel mit der Lithographie des Brandenburger Tores, oder die Streifen sind verkürzt worden, da sie im Anfangsbereich durch das Herausziehen aus der Kapsel zu stark abgerieben waren.

In öffentlichem Besitz, Museen oder graphischen Kabinetten sind keine weiteren Exemplare der Lindenrolle bekannt.

Rolf Bothe
Direktor des Berlin Museums

DIE LINDENROLLE – DIE STRASSE UNTER DEN LINDEN VOM JAHRE 1820

Die älteste Gesamtansicht unserer Straße »Unter den Linden« verdanken wir einem unbekannten Zeichner. Am 18. November 1820 kündigte die Haude & Spenersche Zeitung »Berlinische Nachrichten von Staats- und gelehrten Sachen« das Erscheinen der Bildstreifen mit folgender Anzeige an:

»Panorama vom Königl. Schloß bis zum Brandenburger Thore, auf der einen – eben so vom Dom bis dahin auf der andern Seite, jedes Gebäude, die Perspektive der Querstraßen, die Nummern, Abzeichnungen und Benennungen der größeren Gebäude – genau angegeben. Diese fortlaufenden Darstellungen beider Seiten der Linden, welche das Brandenburger Thor schließt, sind verschiedentlich durch Figuren, Truppen, Reuter, Wagen usw. usw. und was sonst noch im täglichen Leben sich daselbst regt und bewegt, mannigfaltig staffiert, und gewährt Einheimischen sowohl als Fremden eine angenehme täuschende Ansicht. Dasselbe ist auch in einer kleinen Camera obscura anzuwenden. Jede Seite ist von 12 1/2 Fuß (3,92 Meter, d.V.) Länge, fast 4 Zoll (10 Zentimeter) Höhe in lackirter Kapsel zum Aufrollen, schwarz zu 4 Thlr., illuminiert 9 Thlr., – und sind jederzeit – gegen postfreie Bestellung und 6 Gr. pro Emballage – zu haben in Jacobi's Kunsthandlung, Linden Nr. 35.«

Es scheint, als ob der für jene Zeit hohe Preis – vier Taler erhielt zum Beispiel ein Lohndiener für sechs Tage an Entgelt – dem Lindenfries keine allzu weite Verbreitung verschafft hat. Er war auf alle Fälle in Vergessenheit geraten und so gut wie unbekannt, als er in der Zeitschrift »Mitteilungen des Vereins für die Geschichte Berlins«, 25. Jahrgang 1908, Heft 4, Seite 72 ff. und Heft 5, Seite 136 ff. erstmalig abgedruckt und dadurch einer weiteren Öffentlichkeit bekannt wurde. Als Vorlage diente damals das Exemplar aus der Sammlung des Kunsthändlers Meder, des Besitzers der Kunsthandlung »Amsler & Ruthardt«. Gleich nach seiner Veröffentlichung wurde das seltene Stück vom Märkischen Museum erworben und konnte bei der Eröffnung seines Neubaues am 10. Juni 1908 dem Publikum gezeigt werden.

Da die Lindenrolle – vergleichbar mit einer fotografischen Momentaufnahme – nur einen Augenblick aus der Geschichte festhält, soll der nachstehende Überblick die Entwicklung der Straße Unter den Linden zusammenfassen.

1647 wird auf eine wahrscheinlich schon Ende 1646 erlassene Anordnung des brandenburgischen Kurfürsten Friedrich Wilhelm eine 250 Rheinländische Ruten (941,5 Meter, d.V.) lange »Gallerie« aus sechs Reihen Linden- und Nußbäumen zwischen der »Hundebrücke« (heute »Schloßbrücke«) vor dem Lustgarten und dem Tiergarten, der an der heutigen Schadowstraße begann, gepflanzt, die etwa an der Stelle eines vielleicht schon gegen Ende des 16. Jahrhunderts vorhandenen, sich zum Tiergarten hinschlängelnden Weges verläuft.

1658 beginnt der Bau der neuen Festungsanlagen um Berlin, Cölln und Friedrichswerder, dem der Teil der Lindenallee zwischen Hundebrücke und der heutigen Universitätsstraße wieder zum Opfer fällt.

1673 am 23. Oktober beginnt die Absteckung der Straßen der Neustadt neben dem Friedrichswerder, nach dem Plan des Ingenieurs Blesendorf. Deren südliche Begrenzung bildet die Lindenallee von 1647, deren Nordseite anfangs den Namen »Erste Reihe« trägt. Seit 1676 bürgert sich für die Neustadt der Name »Dorotheenstadt« ein. Er erinnert an ihre Gründerin und Besitzerin des Stadtareals, die Kurfürstin Dorothea, die zweite Gemahlin des Großen Kurfürsten.

1678 wird die Südseite der Linden zur Bebauung mit Wohnhäusern freigegeben; sie heißt zuerst »Friedrichstadt« und wird erst 1681 zur Dorotheenstadt geschlagen.

1681 beginnt im August der Bau der Umwallung der Dorotheenstadt im Zuge der heutigen Behren- und Schadowstraße. Er schließt sich als sogenanntes Hornwerk der Befestigung vor dem Friedrichswerder an.

1691 fertigt Johann Stridbeck seine Aquarelle von Berlin. Auf ihnen ist die Lindenallee nur vierreihig, was wohl auf eine Flüchtigkeit des Künstlers zurückgeht, denn auf dem Memhardtschen Plan von 1650/52 und auf dem La Vigneschen Plan von 1685 ist sie sechsreihig, und für 1699 wird sie ebenfalls – nach Nicolai – als sechsreihig angegeben.

1712 erhalten die Hausbesitzer der Südseite den Wall im Zuge der Behrenstraße zur Vergrößerung ihrer Grundstücke geschenkt; sie müssen ihn auf eigene Kosten abtragen und mit der gewonnenen Erde den Graben zufüllen. Dafür erhalten sie für das gewonnene Gelände den Grundzins erlassen.

1734 werden Dorotheenstadt und Friedrichstadt nach Westen erweitert. Die Linden werden verlängert bis zum neuangelegten »Quarré« – dem Pariser Platz – mit dem Brandenburger Tor an der Westseite, das 1736 eröffnet wird.
Die neugewonnenen Grundstücke werden in den folgenden Jahren durch Adelspersonen und wohlhabende Bürger mit palaisähnlichen Wohnhäusern bebaut.

1741 läßt König Friedrich II. das Neustädtische Tor zwischen dem Friedrichswerder und der Dorotheenstadt abbrechen, die Festungswälle planieren, den Graben verengen und begradigen und auf dem gewonnenen Raum durch Georg Wenzeslaus von Knobelsdorff das Opernhaus erbauen.

1748 beginnt der Bau des Palais für den Prinzen Heinrich gegenüber dem Opernhaus nach Plänen von Knobelsdorff durch J. Boumann d. Ä. Die Fertigstellung zieht sich bis 1766 hin. Nachdem auch Hedwigskirche und Bibliothek vollendet sind, ist die Verbindung zwischen Linden und Lustgarten durch das »Forum Fridericianum« im wesentlichen geschlossen.

1771– läßt Friedrich der Große in den Linden 44 alte Wohnhäuser ab-
1776 brechen und nach Rissen von G. Ch. Unger und Boumann d. Ä. 33 neue Häuser erbauen.

1788 wird das alte Brandenburger Tor abgebrochen und von

1789– nach dem Entwurf von Carl Gotthard Langhans das noch jetzt
1793 stehende Tor erbaut, dessen bildnerischer Schmuck unter der Oberleitung von Johann Gottfried Schadow geschaffen wurde.

1798 erhält die Mittelpromenade der Linden anstelle der bisherigen hölzernen Barrieren neue Einfassungen nach David Gillys Entwurf. Sie bestehen aus in Sandsteinpfeilern verankerten Eisenstangen. Auch neue Pfeiler mit Eisengestellen für Öllaternen werden aufgestellt.

1806 am 27. Oktober zieht der französische Kaiser Napoleon I. durch das Brandenburger Tor als Sieger in Berlin ein; im Dezember wird die Quadriga herabgenommen und nach Paris geschafft. Napoleon war der erste Monarch überhaupt, der durch das Brandenburger Tor im Triumph- oder Festzug in Berlin einzog. Die festlichen Einzüge der Zeit davor gingen immer durch das Potsdamer Tor.

1814 am 7. August zieht König Friedrich Wilhelm III. an der Spitze seiner Truppen durch das Brandenburger Tor ein, wobei die zurückgekehrte Quadriga, nunmehr mit dem Eisernen Kreuz geschmückt, enthüllt wird. Am 15. September wird das Quarré in Pariser Platz umbenannt.

1826 am 19. September beginnt die Beleuchtung der Linden als erster Straße Berlins mit Gaslaternen.

1847 am 1. Januar wird Berlins erste Pferdeomnibuslinie: Odeum im Tiergarten – Unter den Linden – Alexanderplatz eröffnet.

1851 am 31. Mai wird das von Christian Daniel Rauch modellierte Denkmal Friedrichs des Großen am Ende der Linden feierlich enthüllt.

1873 am 14. August erfolgt der erste Spatenstich zum Bau der Berliner Kanalisation mit dem Radialsystem III, in dessen Bereich auch die Straße Unter den Linden liegt. Bereits im November 1875 können die ersten Abwässer vom Pumpwerk am Halleschen Ufer auf die Rieselfelder in Osdorf gepumpt werden.

1878 erhalten nach Abschluß der Kanalisationsarbeiten die Fahrdämme der Linden eine neue Pflasterung. Das noch aus dem Anfang des Jahrhunderts stammende runde Katzenkopfpflaster wird auf der nördlichen Fahrbahn durch Granitwürfelpflaster ersetzt, während

1880 die südliche Fahrbahn mit Ausnahme des Stücks vor dem Palais des Kaisers asphaltiert wird. Zur gleichen Zeit erhält auch der Pariser Platz neues Pflaster und die seitlichen Schmuckflächen mit den Springbrunnen.

1888 am 31. August wird die elektrische Beleuchtung der Linden bis zur Schloßbrücke in Betrieb genommen. Die Bogenlichtkandelaber entwarf Prof. Ludwig Schupmann in Aachen.

1902 werden die beiden äußeren, die Reitwege neben der Mittelpromenade einfassenden Baumreihen beseitigt, der südliche Fahrdamm um den Reitweg verbreitert und der nördliche Reitweg von 7,5 auf 4 Meter verschmälert. Nachdem die Bürgersteige um 3 Meter auf der belebteren Südseite und um 2,5 Meter auf der Nordseite verbreitert wurden, konnten hier wieder neue Lindenbäume gepflanzt werden. An den Rändern der Mittelpromenade werden 66 neue, nach dem Entwurf des Geheimen Baurates Julius Emmerich gefertigte Sitzbänke aufgestellt.

1911 erhält der Opernplatz anläßlich des Besuches des österreichischen Monarchen den Namen Kaiser-Franz-Josef-Platz.

1914 am 31. Juli wird vor dem Friedrichsdenkmal die Mobilmachung verkündet.

1916 am 10. Dezember wird der Lindentunnel für die Straßenbahn eröffnet. Er hat drei Einfahrten bzw. Ausfahrten: unter dem Kaiser-Franz-Josef-Platz (1926–28 beseitigt), östlich neben dem Opernhaus und gegenüber östlich neben der Universität von der Dorotheenstraße her.

1922 wird auch der nördliche Reitweg entfernt, und an seiner Stelle werden Blumenrabatten angelegt.

1925 veranstalten »Wasmuths Monatshefte für Baukunst« einen Architektenwettbewerb »Wie soll Berlins Hauptstraße Unter den Linden sich im Laufe des 20. Jahrhunderts gestalten?«. Den 1. Preis erhält der niederländische Architekt van Eesteren, der zwischen Pariser Platz und Friedrichsforum eine einheitliche viergeschossige Bebauung nach dem Muster der Rue de Rivoli in Paris und hinter dieser in der Höhe gestaffelte Baublöcke bis zu 30 Geschossen vorsieht.

1927–1928 werden auf der Fläche zwischen Opernhaus und Universität Schutzinseln als Parkplätze angelegt und auf beiden Fahrbahnen der Linden der Richtungsverkehr eingeführt.

1934 im Dezember ist der Baubeginn zwischen Pariser Platz und Neustädtischer Kirchstraße für den Tunnel der Nord-Süd-S-Bahn. Für den Bau müssen die Lindenbäume auf diesem Teil der Straße entfernt werden. Die Inbetriebnahme der Teilstrecke Unter den Linden – Stettiner Bahnhof erfolgte am 28. Juli 1936 kurz vor den Olympischen Spielen.

1936 am 7. Mai beginnt die Neupflanzung von etwa 350 holsteinischen Silberlinden als Ersatz für die 1935 bei der erneuten Fahrdammverbreiterung für einen Parkplatzstreifen entfernten alten Bäume. Zur gleichen Zeit erhält die Mittelpromenade ein festes Schotterbett, damit sie von schweren Fahrzeugen befahren werden kann, und die hier zum Teil heute noch vorhandenen Laternen im Biedermeierstil werden aufgestellt.

1937 werden die Hausnummern der Linden geändert. Die Zählung beginnt jetzt an der Schloßbrücke, links mit der Kommandantur als Nr. 1 und rechts mit dem Zeughaus als Nr. 2, fortlaufend bis zum Pariser Platz, mit dem Hotel Adlon als Nr. 77 und der Länderbank als Nr. 82. Der Pariser Platz behält seine alte Numerierung. *(Bei der nachfolgenden Beschreibung der Häuser der Lindenrolle werden hinter die im Text zuerst genannten alten Hausnummern in Klammern die heutigen Nummern gesetzt, um gegebenenfalls Vergleiche mit der Gegenwart zu erleichtern.)*

1941 am 9./10. April fallen die ersten britischen Bomben auf die Linden, dabei wird das Opernhaus getroffen und brennt aus. Wiederhergestellt und am 7. Dezember 1942 eröffnet, wird es am 3. Februar 1945 mit vielen anderen Gebäuden der Straße durch Brand- und Sprengbomben wiederum schwer beschädigt.

1945 im Mai nach der Kapitulation Deutschlands sind die Linden ein Trümmerhaufen. Die letzten noch unversehrten Häuser wurden Ende April beim Kampf um das Regierungsviertel zerstört oder schwer beschädigt.

1949 erläßt der von der SED eingesetzte Magistrat von Ost-Berlin ein »Lindenstatut«, das die Hauptgesimshöhe der Bauten in dieser Straße auf 18–22 Meter festlegt.

1966 ist der Wiederaufbau der Linden im wesentlichen beendet. Von den 64 Gebäuden der Vorkriegszeit zwischen Pariser Platz und Universität sind nur 13 erhalten geblieben, davon kein auf der Lindenrolle abgebildetes Haus.

1989 am 23. Dezember wird das Brandenburger Tor wieder geöffnet – für den Fußgängerverkehr –, das seit dem 13. August 1961 durch den Bau der Berliner Mauer für den Ost- und den Westteil der Stadt verschlossen war.

An keiner Stelle des damaligen Berlins konnte ein Zeichner die Vielfalt des Lebens und Treibens einer Straße besser beobachten als Unter den Linden. Sie begann sich in jenen Jahren von der kleinbürgerlichen Wohnstraße zur offiziellen Repräsentationsstraße zu wandeln. Der Wohnsitz des Königs im Palais gegenüber dem Zeughaus und die beginnende Konzentration der Behörden im Umkreis der Linden ließen diese zum Sammelpunkt des öffentlichen Lebens werden. Hinzu kam noch die Funktion als Verbindungsstraße zur Sommerresidenz und Sommerfrische Charlottenburg und als Hauptzugang zum damals einzigen Park Berlins, dem Tiergarten. Außerdem waren die Linden die einzige Straße mit einer Mittelpromenade und mit ihren Sitzbänken der ideale und kostenlose Treffpunkt für arm und reich. Unser Zeichner hat das pulsierende Leben der Straße rührend getreu wiedergegeben. So erblickt man zum Beispiel Spaziergänger, Liebespaare, debattierende Studenten, Kinder, welche mit Fahne und Trommel Soldat spielen, Kürassiere zu Fuß, Personen des »dienenden Standes«, Müßiggänger, Mütter mit Kindern, einen Trauerzug, bestehend aus acht Kutschen und dem vierspännigen Leichenwagen, einen Sprengwagen, Kavalleristen, marschierende und paradierende Soldaten, Kutschen und manches andere. Da es einen vom Fahrdamm getrennten Bürgersteig im heutigen Sinne noch nicht gab – erst nach 1825 begann man mit dem Legen von Trottoirs, finanziert aus der Hundesteuer –, bewegten sich Fahrzeuge und Fußgänger munter durcheinander. Kurz vor 1820 wurden die beiden äußeren Baumreihen vor den Häusern beseitigt, so daß nur die vier, den Mittelstreifen und die Reitwege einfassenden Baumreihen verblieben. So erklärt sich die gute Sicht – der Standort des Zeichners war die Mittelpromenade – auf die Fassaden der Häuser. Deutlich zeigt sich aber auch der Gegensatz zwischen den belebten Linden mit ihrer Breite von 60,4 Metern und der Weite des doppelt so breiten, aber menschenleer wirkenden Pariser Platzes.

DIE SÜDSEITE DER STRASSE UNTER DEN LINDEN

Für unseren imaginären Spaziergang die Linden entlang betreten wir die Stadt durch das – auf der Kapsel der Lindenrolle abgebildete – Brandenburger Tor und wenden uns der Südseite des Pariser Platzes zu. Er ist noch umstanden von den gleichmäßig hohen, zweigeschossigen Barockpalais aus der Zeit Friedrich Wilhelms I. Das Haus Nr. 1, südlich neben dem Tor, gehört seit 1791 dem Major von Stankar, Nr. 2 der Witwe des 1819 verstorbenen »Marschall Vorwärts der Freiheitskriege«, Fürsten Blücher. Beide Häuser wurden zusammen 1736/37 auf einem gemeinsamen Grundstück für den Grafen Friedrich Ludwig von Wartensleben erbaut. Anstelle des Stankarschen Hauses erbaute August Stüler 1847/48 für den Hofzimmermeister C. A. Sommer ein dreigeschossiges Haus, und anstelle des Blücherschen Palais entstand 1869–71 durch Carl Richter ein palastartiger Neubau. Vor dem Ersten Weltkrieg wohnte hier als Mieter Fürst Guido Henckel von Donnersmarck, der Gründer Frohnaus. Im Dezember 1930 kauften die Vereinigten Staaten das Haus, um es als Botschaft einzurichten. Nachdem es aber am 15. März 1931 durch einen Großbrand verwüstet worden war, dauerte es bis 1939, daß der US-Botschafter hier einzog.

Das Nachbarhaus, Nr. 3, ließ sich 1737 der Geheimrat und Hofmarschall Johann Georg von Geuder zu Rabenstein erbauen. 1792 kaufte es der General von Rohdich und bestimmte es kurz vor seinem Tode 1796 zum Legat für die Erziehung von Kindern der Angehörigen des Grenadier-Garde-Bataillons. Seit 1810 war es im Besitz von dessen Nachfolgetruppe, dem 1. Garde-Regiment zu Fuß in Potsdam, seit 1921 gehörte es dem v. Rohdich'schen Legaten-Fonds. 1820 wohnte der große Rechtslehrer Friedrich Karl von Savigny hier als Mieter, und von 1849 bis 1877 war es die Dienstwohnung des Generals von Wrangel als Oberbefehlshaber in den Marken und Kommandierendem General des III. Armeekorps. Nach dessen Tod wurde es abgerissen und von den Architekten Rosemann & Jacob 1878–80 ein prunkvoller Neubau errichtet. Einer der bekanntesten Mieter war wohl die feudale Casino-Gesellschaft, die bis 1931 im Erdgeschoß ihre Räume hatte. 1933 bezog Fritz Todt, der »Generalinspektor für das deutsche Straßenwesen«, das Haus, und im Zweiten Weltkrieg wurde es zum Reichsministerium für Bewaffnung und Munition, dessen letzter Minister nach Todts plötzlichem Ende (1942) Albert Speer wurde, der vorher seinen Dienstsitz im Nachbarhaus Pariser Platz 4 gehabt hatte.

Nr. 4 war seit 1817 im Besitz der Gräfin Friederike von Waldenburg, geb. Wichmann, der ersten morganatischen Gattin des Prinzen August von Preußen. Sie war die Schwester der Bildhauer Karl und Ludwig Wichmann. Ihre Kinder verkauften das Haus später an den Grafen Adolf Heinrich von Arnim-Boitzenburg, der es 1857/58 durch den bekannten Architekten Eduard Knoblauch umbauen und aufstocken ließ. 1902 kaufte es der Staat für die

HAUS-NR. Akademie der Künste an, die nach einem Um- und Erweiterungs-
bau auf dem Hinterland durch Ernst von Ihne am 1. Januar 1907
hier einzog. 1937 mußte die Akademie der Künste ihr Haus für
den »Generalinspektor für die Neugestaltung der Reichshaupt-
stadt«, Albert Speer, räumen. Die Akademie konnte 1938 das ehe-
malige Kronprinzen-Palais beziehen.

Die Südostseite des Pariser Platzes wird vom Haus Unter den
1 Linden 1 (77) gebildet. Von Johann Friedrich Grael 1736 für den
Grafen Kameke erbaut, war es seit 1798 im Besitz des Grafen von
Redern. Für dessen Sohn Wilhelm, der seit 1828 Intendant der
Königlichen Schauspiele war, baute Karl Friedrich Schinkel das
Haus um. Der 1833 vollendete Umbau und die Aufstockung des
alten Palais waren der Auftakt für die weitere Veränderung der
Fronten des Pariser Platzes, die sich wieder an dem durch Schin-
kel gesetzten Maßstab orientierten. Im Erdgeschoß des Palais
befand sich übrigens längere Zeit die bekannte Schulte'sche
Kunsthandlung. In den Jahren 1906/07 ließ der Gastronom Lorenz
Adlon hier durch die Architektur- und Baufirma Gause & Leibnitz
ein prachtvolles Hotel mit 305 Zimmern und 400 Betten erbauen,
das einschließlich des Grundstücks 17 Millionen Mark kostete. Es
war bis zu seinem Untergang kurz nach dem Ende des Krieges *das*
Spitzenhotel Berlins.

2 Rederns Nachbarin in Nr. 2 (75) war 1820 die Witwe des Kam-
merherrn von Berg, deren Mieter der Herzog von Cumberland mit
seiner Familie war, die auch ein altes Haus aus dem Jahre 1735
bewohnte. Bis zur Zerstörung blieb es in der Form, mit der schö-
nen Loggia im zweiten Stock, die ihm die Architekten Ende &
Böckmann beim Umbau 1868 gaben. Die hier genannten Häuser
bis zur Wilhelmstraße (heute Otto-Grotewohl-Straße) wurden
gegen Ende des Zweiten Weltkriegs schwer beschädigt oder zer-
stört. Nach dem Abbruch der Ruinen unterblieben wegen der
Nähe der Grenze zu West-Berlin Neubauten an dieser Stelle, eine
Fläche, die nun, nach der Vereinigung, einer neuen Nutzung harrt.
3 Unter den Linden Nr. 3 (73), an der Ostecke der Wilhelmstraße,
gehörte 1820 dem Oberjägermeister Grafen Moltke. Um 1840
modernisiert und um ein Stockwerk erhöht, erhielt es sich als
»Hotel Royal« bis zur Zerstörung. Im »Royal« stiegen vorzugsweise
Fürsten und Diplomaten ab, zum Beispiel hatte 1860 der franzö-
sische Botschafter hier sein Quartier. Auf einem Trennstück von
dem ursprünglich größeren Grundstück wurde um 1800 das Haus
3a Nr. 3a (71) erbaut. Es gehörte 1820 dem Maurer Heitmann. Eines
der größten in der Straße war mit ursprünglich 21 Fenstern Front
4 das Haus Nr. 4 (69). 1736 für den Kammerpräsidenten von der
Osten gebaut, war es 1820 im Besitz des Branntweinbrenners
Moritz, der es zu Einzelwohnungen vermietet hatte. Um 1835 kam
es in den Besitz der Herzogin von Cumberland, Friederike von
Mecklenburg-Strelitz, jüngerer Schwester der Königin Luise. 1837

wurde ihr Gatte Ernst August König von Hannover. Nach dem Tode seiner Frau verkaufte es der König 1849 an den preußischen Staat. Es wurde zum Dienstgebäude für das Kultusministerium bestimmt und 1883 durch einen Neubau ersetzt, der, mehrfach zur Wilhelm- und Behrenstraße hin erweitert, bis zur Zerstörung Sitz des Ministeriums blieb; seit 1934 als »Reichs- und Preußisches Ministerium für Wissenschaft, Erziehung und Volksbildung«. 1962–64 wurde auf den Grundstücken Nr. 3, 3a und 4, neue Nr. 69–73, das DDR-Ministerium für Volksbildung errichtet, das jetzt anders genutzt werden kann.

Vom Haus Nr. 4 wurde um 1800 der Ostflügel mit fünf Fenstern Front abgeteilt, abgebrochen und an der Stelle ein dreigeschossiges Wohnhaus im Stil der Zeit erbaut. Es war 1820 im Besitz des
4a Generalmajors von Schoeler. Hier in Nr. 4a (67) wohnte der Architekt Karl Friedrich Schinkel von 1821 bis 1836. Jetzt steht hier ein 1908 von den Architekten Breslauer & Salinger für die Juwelierfirma Gebrüder Friedländer errichtetes und nach 1945 in den Besitz der Sowjetunion übergegangenes Geschäftshaus mit einer Gedenktafel für den großen Künstler. Aus der Zeit nach der Stadt-
5, 6 erweiterung von 1734 stammen auch die Häuser Nr. 5, 6 und 7 (65 und 63). Die ersteren gehörten 1820 dem Medizinal-Rat Dr. Richter und der Generals-Witwe von Rietz. Anstelle der inzwischen modernisierten alten Häuser wurde in den Jahren 1891 und 1899 vom Architekten Carl Gause das »Hotel Bristol« erbaut. Es galt unter seinem Besitzer Konrad Uhl als das vornehmste und beste Hotel Berlins, mußte diesen Rang aber später dem »Adlon« abtreten. Im »Bristol« spielt auch der Roman »Menschen im Hotel« von Vicki Baum. Die Ruine wurde nach 1945 von der Hotelbetriebs AG an die Sowjetunion verkauft, die es zu ihrem Botschaftsgrundstück schlug.

7 Das langgestreckte Barockpalais Nr. 7 (63) mit 13 Fenstern Front gehörte seit 1805 der Herzogin Dorothea von Kurland, der späteren Herzogin von Dino und von Sagan. Vorher war es das Palais der Prinzessin Amalie, der jüngsten Schwester Friedrichs des Großen, die es von 1764 bis 1787 besaß. Sein Äußeres auf der Lindenrolle bekam es etwa 1765 durch J. Boumann d. Ä., der es aus einem 1750 entstandenen Palais umbaute. Von der Herzogin von Dino kaufte im Januar 1837 Zar Nikolaus I. von Rußland das Haus, um es bei seinen häufigen Aufenthalten in Berlin – König Friedrich Wilhelm III. war bekanntlich sein Schwiegervater – als Wohnhaus zu haben. Da ein Hausbesitzer in Berlin damals verpflichtet war, das Bürgerrecht zu erwerben, Magistrat und Stadtverordnete das von einem fremden Souverän aber nicht gut verlangen konnten, verfielen sie auf den Ausweg, dem Zaren die Ehrenbürgerwürde zu verleihen, die er am 18. Oktober 1837 erhielt. Er konnte somit unangefochten Hausbesitzer sein und revanchierte sich dafür, indem er den Kommunalbehörden ein Geschenk von

5000 Dukaten zusandte. Die Summe wurde als Grundkapital der
Stiftung »Nicolaus-Bürger-Hospital« verwendet, dessen Gebäude
1838/39 in der Großen Frankfurter Straße 21 erbaut wurde.

Im Erdgeschoß des Zaren-Palais befand sich gleichzeitig die
Russische Gesandtschaft. 1840 wurde es von Eduard Knoblauch
umgebaut, so wie es sich bis zur Zerstörung erhalten hatte. Später
auch Sitz der Botschaft der UdSSR, wurde das Haus nach Hitlers
Überfall auf die Sowjetunion als Dienstsitz des Reichsministers
für die besetzten Ostgebiete benutzt. Gegen Kriegsende zerstört,
verschwand die Ruine zugunsten des Mammutbaues der neuen
Botschaft der UdSSR, die die Grundstücke Unter den Linden
55–65 einnimmt und 1963 auf den Grundstücken Nr. 51/53 noch
einen Erweiterungsbau für die Büros von Intourist, Aeroflot und
Nowosti erhielt, der bis an die neu durchgelegte Glinkastraße
reicht.

8 Auf dem heutigen Gelände der Sowjetbotschaft zeigt uns die
Lindenrolle mit den Häusern Nr. 8 (61) und 9 (59) zwei beschei-
dene Bauten aus der Anfangszeit der Straße. Damals gehörte Nr. 8
der Generalswitwe Duhan, und im Erdgeschoß befand sich die
berühmte Konditorei von Fuchs, die besonders für die Fremden
als eine Sehenswürdigkeit galt. Nicht ausgeschlossen ist, daß der
1825 erfolgte Umbau der Räume nach Schinkels Plänen durchge-
führt wurde. 1834 entwarf auch August Stüler für die Konditorei
eine neue Innenausstattung. Das alte Haus verschwand 1876, und
an seiner Stelle erbaute Carl Heidecke für den Bankier Hermann
Goldschmidt ein dreigeschossiges Wohnhaus. Zuletzt gehörte es
der »Hamburg-Amerika-Linie (HAPAG)«, die hier auch ein Reise-
9 büro unterhielt. Das Haus Nr. 9, 1820 der Majorswitwe v. Arnim
gehörig, ging in die Literaturgeschichte ein als Vorbild zu E.T.A.
Hoffmanns Novelle »Das öde Haus«. 1826 wurde beim Neubau des
Hauses nach Schinkels Entwurf die zur Behrenstraße durchge-
hende »Kleine Mauerstraße« über das Grundstück gelegt. Später
war hier das Hotel »Badischer Hof«; zuletzt gehörte es der »Deut-
schen Bank«, die es vermietet hatte, unter anderem an die »United
States Lines«.

10 Die Häuser Nr. 10 (57), 11 (55) und 12 (53) waren Immediatbau-
ten Friedrichs des Großen. Nr. 10 gehörte 1820 dem Hofrat Rück;
11 Nr. 11 dem Bankier Wörlitzer, es war 1772 für den Hauptmann v. Vi-
gneule durch G. Ch. Unger erbaut worden. Das Haus stand bis zur
Zerstörung 1945 und gehörte – wie auch Nr. 10 – zuletzt der »Deut-
12 schen Bank«. Besitzer des siebenfenstrigen Hauses Nr. 12 (53) war
1820 der Staats- und Schatzminister Graf Karl von Lottum. Die
Herrenschneiderei Fasskessel & Müntmann ließ 1890 hier durch
Hans Grisebach ein prunkvolles Geschäftshaus errichten. Zuletzt
13 gehörte es dem Gerling-Konzern, der auch das Nebenhaus Nr. 13
besaß (zu Nr. 53 gehörig), das 1911 für das Bankhaus S. Bleichröder
anstelle des alten Hauses der Lindenrolle erbaut wurde, das 1820

dem Tapezierer Hänsch gehörte. Bis in unsere Tage standen, in der Fassade modernisiert, die Immediatbauten Nr. 14 (51) und 15.
14 Nr. 14 gehörte 1820 dem Geheimrat Bertram; es war auch bis zuletzt in Privatbesitz. 1920 befand sich hier das Kabarett »Die Fledermaus« und später, bis zur Zerstörung, das Lichtspieltheater
15 »Die Kamera«. Nr. 15 (49) auf der Lindenrolle gehörte 1820 dem Kaufmann Heimann Veitel Ephraim, einem Enkel von Friedrich des Großen Münzentrepreneur Veitel Ephraim. Heimann Veitels Söhne nahmen 1816 den Nachnamen Ebers an. Vor 1940 gehörte das Haus der Stadt Danzig, und außer einigen Büros befand sich hier noch die Konfitürenfabrik von Sawade.

16 Nr. 16 (47), 1820 der verwitweten Gräfin von Schmettau gehörig, wurde 1894/95 durch das von Hans Grisebach erbaute Geschäftshaus der Blumenhandlung Schmidt aus Erfurt ersetzt. Bis zur Zerstörung 1945 hatte hier unter anderem die bekannte Juwelierfirma J. Wagner & Sohn ihr Geschäft. Über die Grundstücke Nr. 15 und 16 (49 und 47) verläuft zwischen den Linden und der Behrenstraße die 1963 neu angelegte Glinkastraße.

Als ein besonders stattliches Gebäude zeigt die Lindenrolle
17, 18 das viergeschossige und 16 Fenster breite Doppelhaus Nr. 17/18 (43/45). Es war ein aus zwei älteren Häusern umgebauter Immediatbau aus dem Jahre 1772, der 1789 an den »Königl. Opern-Mahler Bartholomeo Verona« verkauft wurde. Der Maler starb 1813, und 1820 erhielt seine mit dem Ingenieur-Hauptmann Blesson verheiratete Tochter Caroline im Wege der Erbteilung das Doppelhaus zugesprochen (die andere Schwester erhielt die ursprünglich dazugehörigen Häuser Behrenstraße 55–57). Blesson, der später auch Stadtverordneter war, wohnte selbst im Hausteil Nr. 17. Er starb 1861, und seine Witwe verkaufte das Haus an einen Rittergutsbesitzer Seelig Böhm, der es nach einigen Umbauten im Jahre 1867 an den bekannten »Eisenbahnkönig« Dr. Bethel Henry Strousberg verkaufte. Dieser wollte das Haus durch August Orth zu einem Kaufhaus umbauen lassen, was aber am Einspruch der Nachbarn scheiterte. Strousberg, der hier nicht wohnte, verkaufte nun den Komplex wiederum mit hohem Gewinn am 8. Februar 1872 an den »Aktien-Bauverein Unter den Linden«. Dieser wollte hier eine Straße durchlegen, wofür aber die polizeiliche Genehmigung versagt wurde. Jahrelang befand sich im Erdgeschoß und im Garten eine gernbesuchte Restauration, in der unter anderem mehrere Jahre hintereinander die Zillertaler Volkssänger auftraten – damals ein Ereignis für Berlin. Aus einem Fenster des zweiten Stockwerks in Nr. 18 schoß am 2. Juni 1878 Dr. Nobiling mit einer Schrotflinte auf den vorbeifahrenden Kaiser Wilhelm I., der dabei schwer verletzt wurde. Bei der Festnahme beging der Attentäter Selbstmord. Die politischen Folgen dieser Tat waren weitreichende durch den Umschwung der Bismarckschen Innenpolitik und das »Sozialistengesetz«. 1891 ließ der Aktien-Bauverein

die alten Baulichkeiten abbrechen und 1891/92 Unter den Linden durch Cremer & Wolffenstein ein Hotel und in der Behrenstraße 55–58 durch Fellner & Hellmer aus Wien ein Theater erbauen. Im Erdgeschoß des Hauses war für kurze Zeit das »Café Ronacher« im Wiener Caféhaus-Stil und nach dessen Pleite das »Café Lindenhof«. So hieß auch das Hotel im Hause, bis es später den Namen »Westminster-Hotel« bekam. Nach dem Ersten Weltkrieg ging es an die »Deutsche Zündholz-Fabrik-AG« über und diente fast ganz als Bürohaus. Bekannt war die rechts durch den Häuserblock zwischen den Linden und der Behrenstraße verlaufende »Kleine Passage« oder »Linden-Galerie« mit ihren ausgedehnten Reklameflächen. Der Theaterbau in der Behrenstraße ist vor dem Zweiten Weltkrieg als »Metropol-Theater« und nach 1945 als »Komische Oper« berühmt geworden. Anstelle des zerstörten Hauses Unter den Linden entstand 1964–66 das Verwaltungsgebäude der Komischen Oper.

19 Auch die auf der Lindenrolle gezeichneten Häuser Nr. 19, 20
20 und 21 (41, 39 und 37) waren bis 1945 erhalten. 1820 gehörte Nr. 19
dem Bankier Louis Berend und Nr. 20 einem Handwerker Ottmer. Beide Häuser waren noch 1945 im Besitz der Felsingschen Erben, deren Vater, der Kommissionsrat A. Felsing, in Nr. 20 eine Uhrenfabrik gegründet hatte. Bis zur Zerstörung im Zweiten Weltkrieg war die Weltzeituhr im Schaufenster des Felsingschen Uhrengeschäftes ein vielbewunderter Anziehungspunkt für das flanie-
21 rende Publikum. Nr. 21 gehörte dem Buch- und Musikalienhändler
Christiani. Dieses Haus war eines der schönsten in der Straße und hat eine interessante, wechselvolle Geschichte. Schon in der zweiten Fassung des »Schultz'schenPlanes« von 1688 wird das Grundstück als bebaut gezeichnet. Seine auf der Lindenrolle gezeigte Fassade erhielt das Haus 1789 als Immediatbau für den Generalmajor von Tempelhoff, der es bis 1818 besaß. Nach drei weiteren Besitzern kam es 1834 an den Grafen Athanasius Raczynski, der es im Innern umbauen und verschönern ließ. Hier machte er auch schon seine später berühmte Gemäldesammlung dem Publikum zugänglich. 1841 verkaufte er es wieder, und 1866 erwarb es der Geheime Kommissions- und Kommerzienrat Ludwig von Schaeffer-Voit. Er hatte 1854 die Modezeitschrift »Der Bazar« begründet und mit ihr ein Riesenvermögen verdient, das ihm gestattete, in Westend einen großen Grundbesitz zu erwerben und auf ihm sein Schloß Ruhwald zu erbauen. 1888 ging das Haus an den Kaufmann Hermann Geber über und kam nach weiteren Besitzwechseln schließlich 1935 an den »Werberat der deutschen Wirtschaft«. Bei einem Umbau im Jahre 1922 wurde die Fassade durch Wegnahme der zwei äußeren Säulen und Verkürzung des Balkons verändert. Von den Mietern im Haus seien hier nur noch Bettina von Arnim 1835–44, der 1903 gegründete Bühnenclub, das Café Opera, die Wilhelmshallen und das Linden-Kasino genannt.

Eines der populärsten Gebäude des Vorkriegs-Berlin war die
1869–73 von Kyllmann & Heyden zwischen Friedrich-, Ecke Beh-
renstraße und den Linden erbaute Passage oder »Kaiser-Galerie«,
so zu Ehren Kaiser Wilhelms I. genannt. Aus der Zahl der hier
untergebrachten Attraktionen seien Castans Panoptikum, später
das Passage-Panoptikum, das Welt-Panorama, Café Keck, Linden-
Kabarett und schließlich der Kunstmaler Artur Fischer genannt.
1931 wurde die Passage im Innern nach Plänen von Alfred Grenan-
der vollständig neugestaltet; 1943 brannte sie aus und wurde in
den fünfziger Jahren abgerissen. Heute steht auf ihrem und den
Nachbargrundstücken das 1985-87 erbaute »Grand Hotel«. Die
22/23 Passage, Haus Nr. 22/23 (35), hatte die auf der Lindenrolle abgebil-
deten Häuser Nr. 22 und 23 verdrängt. Nr. 22 war 1820 im Besitz des
Schneidermeisters Baumann, und Nr. 23 gehörte dem Hof-Trai-
teur Jagor, wie auch das Firmenschild am Hause ausweist. Es
wurde 1763 erbaut und hatte als Gasthof »Zur Sonne« eine höhere
Weihe erhalten: Goethe wohnte hier bei seinem Berlin-Aufenthalt
im Mai 1778, und Schiller wohnte hier im Mai 1804, als das Gast-
haus »Russischer Hof« hieß. Um 1850 war hier die Kunsthandlung
von E. H. Schröder und im 1. Stock das »Café National«. Auch die
Modezeitschrift »Bazar« hatte einige Jahre hier ihre Redaktion.

Nun folgen bis zur Friedrichstraße noch zwei Immediatbauten
aus den Jahren 1771 bis 1776 von Georg Christian Unger – die Häu-
24 ser Nr. 24 (33) und 25 (31). Nr. 24, als »Geroldhaus« bis zur Zer-
störung am 7. Mai 1944 bekannt, war seit 1819 im Besitz des Italie-
nerwaren- und Weinhändlers Christian Samuel Gerold. Er hatte
1804 seine Handlung im Eckhaus Nr. 25 begründet und 1832 erst
in sein Haus verlegt. 1820 befand sich hier das Restaurant von
Camilli im ersten Stock, später das »Café Prince Royal«. 1821/22
25 wohnte hier auch Heinrich Heine. Nr. 25 gehörte 1820 noch dem
Kriegsrat Priem. Hier eröffnete im Jahre 1825 der Wiener Zucker-
bäcker Johann George Kranzler eine Konditorei; zuerst nur in
bescheidenen Räumen auf der linken Seite des Erdgeschosses,
dann seit 1834, nach Umbau und Aufstockung des Hauses durch
August Stüler, auf das ganze Erd- und Obergeschoß ausgedehnt.
1911 verkauften die Kranzler-Enkelinnen Haus und Konditorei an
die Hotelbetriebs-Aktiengesellschaft (heute Kempinski-AG). Am
7. Mai 1944 ging das Haus durch Bomben zugrunde.

Die in Wirklichkeit nur 12 Meter breite Friedrichstraße ist auf beiden Streifen viel zu breit wiedergegeben.

Wie die Kranzler-Ecke war auch die Südostecke der Linden,
26 Nr. 26 (29), und Friedrichstraße 85, mit dem Café Bauer eine der
Sehenswürdigkeiten Berlins vor dem Ersten Weltkrieg. Die Archi-
tekten Ende & Böckmann hatten es 1878 aus dem alten Haus umge-
baut, welches die Lindenrolle 1820 im Besitz der Witwe Sommer-
brodt zeigt, die hier ein Wechselgeschäft betrieb. Nach mehrfa-
chem Besitzwechsel erwarb es Matthias Bauer, um hier sein

Restaurant zu errichten. Seine Erben verkauften den Betrieb wäh-
rend der Inflation an die Hotelbetriebs-Aktiengesellschaft – die
wir in dieser Straße schon mehrfach gesehen haben –, und diese
verlegte das Café in das ihr gehörige Central-Hotel in der Fried-
richstraße. Anstelle des Cafés Bauer eröffnete das »Café Unter
den Linden«, das bis zur Zerstörung in dem später an den Admi-
ralspalast übergegangenen Haus bestand. Der Immediatbau
27 Nr. 27 (27) gehörte 1820 dem Schneidermeister Freitag. Der schöne
Bau mußte 1885 dem pompösen Restaurant »Kaiserhallen« wei-
chen. Es wurde 1896 nach Umbau in »Hopfenblüte« umbenannt
und während der Inflationsjahre geschlossen. Als Bürohaus war
es zuletzt in Reichsbesitz. Hier hatte übrigens die »Französische
Verkehrsbüro GmbH« ihren Sitz. Im Jahre 1931 zum Beispiel
befanden sich auf der Südseite der Linden 18 und auf der Nord-
seite 14 große Reisebüros und -Agenturen.

Neben den schmalbrüstigen Häusern des Zinngießers Sierks,
28, 29 Nr. 28 (25), und des Rentiers Meyer, Nr. 29 (23), zeigt die Linden-
rolle das niedrige, aber breite Haus der Habelschen Weinhand-
30 lung, Nr. 30 (21). Sein letztes Äußeres bekam es 1801 und behielt es
bis zur Zerstörung. Die Nachbarhäuser Nr. 28 und 29 waren 1902
und 1908 ebenfalls in Habelschen Besitz übergegangen und nah-
men die vergrößerten Lagerräume und ein Restaurant auf. Wieder
31 ein Immediatbau war Nr. 31 (19), in dem sich 1820 das »Hotel de
Petersburg« befand. Es fiel 1908 dem Geschäftshausneubau des
Juweliers Marcus zum Opfer; zuletzt gehörte es der »Commerz-
32 und Privatbank-AG«. Das Eckhaus Nr. 32 (17) an der Charlotten-
straße gehörte 1820 den stadtbekannten Kaufleuten Sala und
Tarone mit ihrem Delikateßwarengeschäft und Restaurant; später
war hier Meinhardts Hotel. Das 1902 von der Firma Carl Gause
errichtete ehemalige Carlton-Hotel steht jetzt an seiner Stelle. Vor
1945 gehörte es dem Reich und wurde vom Reichswirtschafts-
ministerium genutzt. Es ist allein von der Vorkriegsbebauung
zwischen Friedrich- und Charlottenstraße übriggeblieben. 1964
bis 1966 wurde an den Altbau anschließend bis zur verbreiterten
Friedrichstraße ein Gaststättenkomplex mit dem Namen »Linden-
corso« errichtet. In den oberen Geschossen waren die Großraum-
büros der »Deutschen Bauakademie« der DDR.

33 Nr. 33 (15), das östliche Eckhaus an der Charlottenstraße, ist
1820 im Besitz der Erben des Maurermeisters Kneisel, dessen
Vater es zusammen mit Nr. 34 um 1750 erbaut hatte. In Kneisels
Haus war schon 1820 das Café Royal, welches auch E. T. A. Hoff-
manns Stammlokal war. Hier wurde auch am 28. Januar 1865 der
Verein für die Geschichte Berlins gegründet. Von 1820 bis 1885 war
im Erdgeschoß das Optikergeschäft von Eduard Petitpierre, das
älteste in Berlin. Nachdem das Haus 1871 durch einen Neubau von
Ende & Böckmann ersetzt wurde, war in der sogenannten Bel-
etage das Restaurant de l'Europe von Poppenberg, welches einen

34 guten Ruf genoß. Das gleich aussehende Nachbarhaus Nr. 34 (15) gehörte 1820 der Geheimrätin Cäsar, kam aber 1823 in die Hand des Buch- und Musikalienhändlers Adolf Martin Schlesinger, der sein Geschäft schon einige Jahre vorher im Hause betrieb. In seiner Musikalienhandlung, die Weltruf hatte, erschien unter anderem Webers »Freischütz«. 1871 erwarb die Central-Boden-Credit-Bank das Gebäude und ließ durch Wilhelm Neumann/von Mörner einen Bankpalast errichten. 50 Jahre später, 1922, mußten Nr. 33 und 34 dem Erweiterungsbau der Disconto-Gesellschaft von Bielenberg und Moser weichen. Nachdem die Disconto-Gesellschaft 1929 mit der Deutschen Bank fusioniert wurde, verkaufte die Bank den ganzen, bis zur Behrenstraße reichenden Baukomplex 1933 an das Deutsche Reich. Der Gebäudeteil Unter den Linden wurde vom Reichsarbeitsministerium, der in der Behrenstraße vom Reichswirtschaftsministerium benutzt. Die im Krieg nur wenig beschädigten Gebäude Unter den Linden waren bis 1990 »Haus der Gewerkschaften«.

Zwischen den Häusern Nr. 34 und Nr. 35 erkennt man auf der Lindenrolle einen Zwischenraum, der als »Lindengasse« bis 1922
35 bestand. Nr. 35 (13) war mit Nr. 36 (11) einst ein Grundstück. 1755 wurde es geteilt und mit zwei gleich großen Häusern nach Entwurf von Andreas Krüger bebaut. Ersteres besaß seit 1814 der Bankier Samuel Berend. Er war mit seinem schon als Besitzer von Nr. 19 erwähnten Bruder Louis in den Jahren 1806 bis 1815 einer der bedeutendsten Heereslieferanten. Die Brüder hatten unter anderm in der Neuen Friedrichstraße eine vom Chemiker Hermbstädt eingerichtete Zuckersiederei. Zusammen mit Heinrich Kunheim gründeten sie am Molkenmarkt 1826 eine chemische Fabrik. Sie war seit 1829 im Alleinbesitz Kunheims und wurde 1835 zum Kreuzberg verlegt. In Nr. 35 war auch die Jacobische Kunsthandlung, welche die Lindenrolle verkaufte. Von 1843 bis zum Abbruch war das Haus das »Hotel du Nord«. Ende & Böckmann bauten hier 1889–91 das Direktionsgebäude der Disconto-Gesellschaft, das,
36 natürlich zweckentfremdet, heute noch steht. Haus Nr. 36 (11) gehörte 1820 dem König Wilhelm der Niederlande, dem Schwager König Friedrich Wilhelms III. Durch Erbgang kam es 1870 wieder an das preußische Königshaus und gehörte seit 1882 als Nebenbau zum Palais Kaiser Wilhelms I. Nach der Vermögensauseinandersetzung zwischen dem preußischen Staat und dem ehemaligen Kaiser war es seit 1926 Sitz der »Generalverwaltung des ehemaligen Preußischen Königshauses«. Anstelle des am 23. November 1943 ausgebrannten »Niederländischen Palais« wurde 1963 ein Neubau für Institute der Humboldt-Universität errichet, an dessen Front der Fassadenschmuck vom abgebrochenen ehemaligen Gouverneurshaus aus der Königstraße angebracht wurde.

Als »General-Commando« bezeichnet die Lindenrolle das durch einen Zwischenraum vom Niederländischen Palais ge-

37 trennte Haus Nr. 37 (9). Es hat noch das Aussehen, das es beim Umbau durch Hildebrand 1750 bekam, als es dem Markgrafen Friedrich Heinrich von Brandenburg-Schwedt gehörte. 1820 bewohnte es der General Graf von Tauentzien als Kommandierender General des III. Armeekorps. Sein Nachfolger im Kommando, Prinz Wilhelm von Preußen, bezog das Haus 1824. Von 1834 bis 1837 ließ er sich durch Karl Ferdinand Langhans d. J. das neue Palais erbauen, in dem er auch als König und Kaiser bis zu seinem Tode wohnen blieb. Es wurde nach ihm »Kaiser-Wilhelm-Palais« genannt und trägt nach dem 1963 beendeten Wiederaufbau die Bezeichnung »Altes Palais«. Das im Innern völlig neugebaute Haus wird von der Pädagogischen Fakultät der Humboldt-Universität genutzt.

Am Kaiser-Wilhelm-Palais erweitern sich die Linden zum »Forum Fridericianum« – damals offiziell »Platz am Opernhaus« – und dem anschließenden »Platz am Zeughaus«. Obwohl im Gegensatz zu den Linden die meisten Gebäude an diesen Plätzen erhalten bzw. wiederaufgebaut sind, wird der Betrachter der Lindenrolle manche Veränderung zwischen 1820 und dem Vorkriegszustand feststellen können. So sehen wir den Opernplatz (seit 1947 Bebelplatz) noch in seiner alten, schlichten Gestaltung, bei der die Wohnhäuser auf der Südseite der Behrenstraße im Hintergrund sich den Bauten von Bibliothek, Opernhaus und Hedwigskirche bescheiden unterordnen. Dieses wohlabgewogene Verhältnis störte seit 1889 die Dresdner Bank und besonders ihre maßstablose Aufstockung im Jahre 1922, die allerdings durch den damaligen Stadtbaurat Ludwig Hoffmann sanktioniert wurde. Beim Wiederaufbau ist 1955 durch Abbruch der zwei oberen Stockwerke und Zurücknahme eines weiteren das Platzbild etwas verbessert worden. An seiner Westseite steht die »Königl. Bibliothek«. Sie wurde auf Geheiß Friedrichs des Großen von 1775 bis 1780 nach Plänen von Georg Christian Unger durch Georg Friedrich Boumann d. J. errichtet. Das Vorbild dazu war ein älterer Fassadenentwurf Joseph Emanuel Fischers von Erlach d. J. für den Michaelertrakt der Wiener Hofburg. Wegen seiner geschwungenen barokken Form wurde das Gebäude sofort als »Kommode« bezeichnet. Der Bücherbestand betrug damals etwa 150 000 Bände, so daß das Sockelgeschoß des Hauses noch als Kulissenmagazin für das Opernhaus benutzt wurde. Nach der Fertigstellung der ersten Hälfte des Bibliotheksneubaues Unter den Linden wurde die »Kommode« von 1908 bis 1910 zum »Aulagebäude« für die Universität umgebaut. Im Jahre 1945 bis auf die Fassade zerstört, wurde sie verhältnismäßig spät, von 1967 bis 1969, hinter der restaurierten Fassade ganz neu als Institutsgebäude für die Humboldt-Universität wiedererrichtet. Der Wiederaufbau des Gebäudes wurde deshalb angeordnet, weil man erst spät entdeckt hatte, daß W. I. Lenin

1895 nicht in der Bibliothek Unter den Linden, sondern in der alten Bibliothek seine Studien getrieben hatte.

Auch das Äußere des »Königl. Opernhauses« ist noch so, wie es G.W. von Knobelsdorff 1741–43 für König Friedrich II. erbaute. Die ersten Veränderungen geschahen im Innern 1788 und am Äußeren nach dem großen Brand vom 18./19. August 1843 bei der Wiederherstellung durch Karl Ferdinand Langhans d. J. Die Knobelsdorffsche »Langhausidee« des Opernhauses wurde 1910 schwer beeinträchtigt durch den hohen Aufbau des Bühnenhauses, der aber für ein modernes Theater nicht zu entbehren war und auch beim erneuten Umbau 1927 nicht rückgängig gemacht, sondern durch die hinter den mittleren Risaliten beginnenden Seitenbühnenanbauten noch verstärkt wurde. Der Blick auf die »Katholische Kirche«, den die Lindenrolle noch bietet, ist heute so nicht mehr möglich. Die St.-Hedwigs-Kirche ist ein Zeugnis für die Toleranz Friedrichs des Großen gegenüber den Katholiken in Berlin. Er wies ihnen 1747 den Bauplatz hinter dem Opernhaus an, auf dem am 13. Juli des gleichen Jahres feierlich der Grundstein gelegt wurde. Die Pläne für den an das Pantheon in Rom erinnernden Bau stammen, nach neuesten Forschungen, von G.W. von Knobelsdorff. Die Schwierigkeiten der Geldbeschaffung im katholischen Ausland sowie der Siebenjährige Krieg ließen das Gotteshaus erst spät fertig werden; am 1. November 1773 wurde es durch den Bischof von Ermland geweiht. Hier im Bild sieht man noch die alte ziegelgedeckte Kuppel. Erst 1884–87 erhielt sie bei einer Renovierung die Kupferbedeckung und die hohe Bekrönung mit der Laterne. Im November 1943 brannte die nunmehrige Kathedrale des Bistums Berlin nach Bombentreffern vollständig aus; 1952 bis 1963 erfolgte der Wiederaufbau nach einem Entwurf von Hans Schwippert.

Dem Opernhaus benachbart ist das Prinzessinnen-Palais, neben dessen mit einer Mauer umgebenen Garten der Festungs- oder »Grüne« Graben fließt. Er wurde 1816 wegen des Neubaues der Königswache in der Breite des Platzes überwölbt, so daß er auf der Lindenrolle nicht mehr zu sehen ist. Die üblen Gerüche, die er mitunter ausströmte, veranlaßten den Kronprinzen, an seine hier wohnende Schwester zu schreiben »wohnhaft am stinkrigen Graben«. 1820 wohnten die zwei noch unverheirateten Töchter des Königs, die Prinzessinnen Alexandrine und Luise, im Palais. Es bestand ursprünglich aus mehreren Privathäusern, die 1733 von Diterichs umgebaut wurden. 1811 schuf Heinrich Gentz den Kopfbau nach den Linden zu, der durch den Schwibbogen mit dem Palais des Königs verbunden war. Auch das »Palais Sr. Majestät des Königs« war ursprünglich ein Privathaus, dann von 1706 bis 1732 Dienst- und Wohngebäude des Gouverneurs von Berlin. 1733 wurde es nach Umbau und Erweiterung durch Philipp Gerlach vom Kronprinzen Friedrich bezogen. Dieser schenkte es als König 1742 seinem Bruder August Wilhelm, und seit 1794 bewohnte es dessen Enkel Friedrich Wilhelm als Kronprinz bzw. seit 1797 als König Friedrich Wilhelm III. bis zu seinem Tode 1840. Sein letztbekanntes Aussehen erhielt das Palais 1857 beim Umbau durch Johann Heinrich Strack. Gouverneur von Berlin war im Jahre 1820 übrigens Blüchers ehemaliger Generalstabschef, General Neithardt von Gneisenau; er wohnte dem Prinzessinnenpalais benachbart in der Oberwallstraße 4.

Dienst- und Wohngebäude des Kommandanten von Berlin – 1820 Generalleutnant von Brauchitsch – war seit 1799 die Kommandantur gegenüber dem Zeughaus. Ihre auf der Lindenrolle gezeigte Form hatte die »Commendantur« 1792 bei einem Umbau durch Titel bekommen. Gern wüßte man, wie das Haus ursprünglich aussah, denn es war das älteste Gebäude der Straße und des Stadtteils Friedrichswerder, das sich der kurfürstliche Architekt und Ingenieur Johann Gregor Memhardt 1653 als Wohnung erbaut hatte. 1874 wurde die Kommandantur zum letzten Mal umgebaut, um ein Stockwerk erhöht und die Fassade mit dem charakteristischen Quaderputz versehen. Die Kommandantur, das Kronprinzen-Palais mit seinen Nebengebäuden und das Prinzessinnen-Palais brannten im Zweiten Weltkrieg nach Luftangriffen völlig aus. Auf dem Platze der Kommandantur erhebt sich seit 1981 das Denkmal des Freiherrn vom Stein, das früher auf dem Dönhoffplatz stand. Das Kronprinzen-Palais wiederum ist, nachdem die Ruine schon bis auf die Fundamente abgeräumt war, in den Jahren 1968–72 als Gästehaus für offizielle Anlässe neu erbaut worden. Die Fassade des nun »Palais Unter den Linden« genannten Baues ist mit einigen Veränderungen der des Strackschen Vorgängerbaues nachgebildet. Das Prinzessinnen-Palais, dessen Hauptbau in der Oberwallstraße fast ganz zerstört war, wurde 1962/63 in äußerlich alter Form als »Operncafé« wiederaufgebaut.

Für die städtebauliche Verbesserung der Umgebung des Königlichen Palais hat Karl Friedrich Schinkel seit 1817 Pläne gemacht. Bei deren Verwirklichung wurde 1821–24 die auf der Lindenrolle noch gezeigte hölzerne »Hundebrücke« oder Lustgartenbrücke durch einen stattlichen Neubau ersetzt, der den Namen »Schloßbrücke« bekam. Auch die neben der Brücke sichtbaren Speicher an der »Niederlags-Straße« wurden entfernt. Der Schlußpunkt von Schinkels Planungen war die Fertigstellung der Bauakademie auf dem alten Packhof an der Werderstraße im Jahre 1836. Auf diesen Packhof oder »Niederlage« für die Zollgüter führten die auf der Lindenrolle so bezeichneten »Niederlags-Wallstraße« und »Niederlags-Straße« (seit 1869 »Schinkelplatz«) hin.

Das Ostufer des Spree- oder Kupfergrabens wird von den Häusern der Schloßfreiheit gesäumt, die, obwohl bereits zum Teil viergeschossig, mit ihren bescheidenen Fassaden die monumentale Wucht des gegenüber aufragenden Schlosses noch steigern. Der Zeichner der Lindenrolle hat die Schloßfassade stark schematisiert wiedergegeben, so daß zum Beispiel der Unterschied zwischen dem von Schlüter erbauten Portal V (links) und dem unter Eosander entstandenen Portal IV (rechts) nicht erkennbar und die von Schlüter gewollte Wirkung der Lustgartenfront als heitere, leichte Gartenfront ganz verlorengegangen ist. Der Risalit mit dem Portal IV ist als Rudiment des 1950/51 abgebrochenen Schlosses als Hauptportal in das 1962–64 erbaute Staatsratsgebäude der DDR am Marx-Engels-Platz eingebaut worden. Den Schluß des Streifens bildet der senkrecht zum Schloß stehende, 1585 von Rochus von Lynar erbaute Hofapothekenflügel. Er stand ursprünglich frei und wurde später durch das auf dem Bild erkennbare Zwischengebäude mit den beiden Durchgängen mit dem Schloß verbunden. Hier sollte der Hofapotheker Michael Aschenbrenner nicht nur Arzneien herstellen, sondern auch als Alchimist den Wahn seines Kurfürsten Johann Georg, künstlich Gold machen zu können, Wirklichkeit werden lassen.

Das bei allen Exemplaren der Lindenrolle fehlende, mehr oder weniger große, Stück der Hofapotheke ging für die Befestigung der Griffe zum Herausziehen der Streifen verloren.

DIE NORDSEITE DER STRASSE UNTER DEN LINDEN

Unser imaginärer Spaziergang anhand der Lindenrolle endet auf dem ersten Streifen des Panoramas am Apothekengebäude des Schlosses, mit dem auch der zweite Streifen beginnt und mit dem nun der Weg zum Brandenburger Tor am Pariser Platz zurückverfolgt wird.

Man sieht die letzten zwei Fensterachsen des Hofapothekengebäudes mit dem Giebel darüber und daneben einen fünfachsigen Bau, der durch einen dreigeschossigen Zwischenbau mit der Apotheke verbunden ist. Ersterer war der Rest des durch den Großen Kurfürsten begonnenen, 1687 aber durch seinen Nachfolger nicht fertiggestellten Festsaal- und Bibliotheksgebäudes. Durch Einziehen von Zwischendecken war die Bauruine später zu einem Wohngebäude für einfache Hofbedienstete umgewandelt worden. Der Rest dieser Rudimente stand noch bis 1885, als er zusammen mit der Nordhälfte des Apothekenflügels abgebrochen wurde, um einen Zugang zu der neuen, im Bau befindlichen Kaiser-Wilhelm-Brücke zu schaffen. Der schmale Raum zwischen dem Apothekenflügel und der danebenstehenden Domkirche führte zu einem weiteren Dienstwohngebäude des Schlosses, das an der Spree stand, und seit 1831 auch zu der von hier zu der gegenüberliegenden »Kleinen Burgstraße« über die Spree führenden »Kavalierbrücke«. Sie war eine von einer Privatgesellschaft errichtete »Sechserbrücke« und bestand bis 1885.

Das Äußere der Domkirche gibt einen Hinweis auf die Entstehungszeit der Lindenrolle. Der von Johann Boumann d. Ä. von 1747 bis 1750 als Ersatz für die baufällig gewordene Domkirche auf dem Schloßplatz errichtete Bau hatte nach damaliger Übung rundbogig geschlossene Fenster mit verzierten Schlußsteinen. Bei dem 1816/17 nach Karl Friedrich Schinkels Entwürfen durchgeführten Umbau des Inneren erhielten die Fenster bereits ihren waagerechten Sturz, so wie man es auf dem Bilde sieht. Somit entstand diese Zeichnung wahrscheinlich schon 1819, denn der ebenfalls nach Schinkels Plänen vorgenommene Umbau des Äußeren begann im April 1820 und war im September 1821 beendet.

Links neben der Domkirche sieht man ein niedriges Gebäude, welches das »königliche Waschhaus« war, und dahinter, mit einem umgitterten und baumbestandenen Vorplatz, das Gebäude der Börse, 1800–1802 von Friedrich Becherer erbaut, aber erst 1805 in Benutzung genommen. Ganz im Hintergrund ist, bereits jenseits des »Pomeranzen-« oder »Communikationsgrabens«, der »Neue Packhof« in der ehemaligen Orangerie des Lustgartens zu erkennen, die nach J. A. Nerings Entwürfen 1685 erbaut wurde.

Der Lustgarten, einstmals Zubehör des Schlosses, war seit 1715 kein Garten mehr, sondern nach Planierung und Aufhöhung um etwa zwei Meter Exerzierplatz der Berliner Garnison. Um die Eintönigkeit und Staubentwicklung der weiten Sandfläche zu mildern, wurde sie 1798 nach einem Vorschlag des Oberbaudirektors

David Gilly mit Rasen besät und mit einer Doppelreihe von Pappeln an den Rändern umpflanzt. In der Mitte der dem Schloß gegenüberstehenden Pappelreihe befand sich seit dem 29. November 1800 das von Johann Gottfried Schadow geschaffene Marmorstandbild des Fürsten Leopold v. Anhalt-Dessau, des »Alten Dessauers«. Hierneben wachte ursprünglich ein Posten darüber, den Exerzierplatz nicht zu betreten. Als im Frühjahr 1824 der Bau des jetzigen »Alten« Museums begann, diente die nördliche Hälfte des Lustgartens als Bauplatz. Nach der Fertigstellung des Museums begann 1828, wiederum nach K. F. Schinkels Plänen, die Neugestaltung des Lustgartens zu einem Schmuckplatz, in dessen Verlauf das Denkmal des »Alten Dessauers« auf den Wilhelmplatz versetzt wurde.

Von der Hundebrücke aus sieht man im Hintergrund die »Eiserne Brücke«, die über den Kupfergraben zum »Mehlhaus« der Berliner Bäckerinnung führt. Die Uferstraße am Kupfergraben hieß damals wie noch heute »Am Zeughaus«. Sein mächtiger Baublock, mit der Hauptfront nach Süden zum damaligen »Platz am Zeughause«, heute Unter den Linden 2, ist vom Zeichner zu schmalbrüstig, zu steif und mit verschiedenen Ungenauigkeiten wiedergegeben und vermittelt so nicht den wahren Eindruck seiner künstlerischen Bedeutung. Das Zeughaus wurde von 1695 bis 1706 nach Plänen von Johann Arnold Nering – nach dessen Tod weitergeführt von Grünberg, Schlüter und Jean de Bodt – erbaut, aber erst 1731 endgültig fertiggestellt. Nach Umbau und Einbau einer preußischen »Ruhmeshalle« von 1877 bis 1880 nach Friedrich Hitzigs Plänen war es bis 1945 Waffen- und Heeresmuseum. Das Zeughaus als Institution ist am 19. Oktober 1945 durch ein Dekret der Alliierten Kommandantur Berlin aufgelöst worden. Gegen Ende des Zweiten Weltkrieges wurde der Bau schwer beschädigt, aber von 1949 bis 1965 nach vollständiger Entkernung des Inneren, aber Beibehaltung der Hoffassade mit den eindrucksvollen Schlüterschen Köpfen der sterbenden Krieger an den Schlußsteinen der Fenster, wiederaufgebaut. Er diente bis 1990 dem »Museum für Deutsche Geschichte« der DDR und ist jetzt in der Verfügung des »Deutschen Historischen Museums«.

An diesem Platz konzentrierte sich mit Kommandantur, Königs-Palais, Gouverneurswohnung, Königswache und Zeughaus das militärische Berlin. Diesen Charakter hat der Zeichner auch auf beiden Streifen der Lindenrolle noch durch die zahlreichen paradierenden und marschierenden Soldaten unterstrichen. Rings um den kastellähnlichen Bau der Neuen oder Königswache erstreckt sich bis zur Universität das Kastanienwäldchen. Rechts vom Wachtgebäude, das nach K. F. Schinkels Plänen 1817/18 errichtet wurde, sieht man auf einem Podest die drei französischen Beutegeschütze aus dem Jahre 1814 und dahinter das Dienstgebäude des Finanzministeriums. Links von der Wache stehen die einfachen Gebäude des Bauhofes, des heutigen Hegelplatzes. Die Königswache wird auf der Zeichnung bereits von den Denkmälern Gerhard von Scharnhorsts und Bülows von Dennewitz flankiert, die nach Schinkels Skizzen von Christian Daniel Rauch geschaffen, aber erst 1822 aufgestellt wurden.

Nach dem Ersten Weltkrieg hatte die Neue Wache keine militärische Funktion mehr. Sie enthielt zeitweise Büros der Technischen Nothilfe, diente Fürsorgestellen oder als Sanitätsstation. Im Zusammenhang mit der Diskussion um ein Reichsehrenmal schlug der Preußische Ministerpräsident Otto Braun vor, das Gebäude zu einem Berliner Ehrenmal auszubauen. Nach Zustimmung des Staatsministeriums, des Reichspräsidenten und des Reichswehrministeriums wurde ein Wettbewerb veranstaltet, bei dem der Architekt Prof. Heinrich Tessenow den 1. Preis erhielt und nach dessen Entwurf die Neue Wache dann zur Gedächtnisstätte für die Gefallenen umgebaut wurde. Gleichzeitig ging ihr Besitz vom Reichswehrministerium auf das Preußische Finanzministerium über. Gegen Ende des Zweiten Weltkrieges erlitt das Gebäude schwere Schäden, war aber keineswegs zerstört. 1951–57 wurde es wiederhergestellt, 1960 zum »Mahnmal für die Opfer des Faschismus und Militarismus« bestimmt und 1969 im Innern neugestaltet. Mit dem Ende der DDR ist seine künftige Bestimmung noch ungeklärt.

Das Kastanienwäldchen setzt sich fort im Universitätsgarten an der Letzten Straße (so hieß die Dorotheenstraße bzw. Clara-Zetkin-Straße bis 1822), von dem ein Teil als Botanischer Garten genutzt wurde. Gar stattlich nimmt sich das Gebäude der Universität mit seiner 150 Meter breiten Front zum Opernplatz (heute Unter den Linden 6) hin aus. Sein weiter Ehrenhof – ein wesentlicher Bestandteil des Friedrichsforums – war damals noch nicht durch Grünanlagen zerstückelt. Der etwas nüchterne Bau wurde, wahrscheinlich nach Entwürfen G.W. v. Knobelsdorffs, durch Johann Boumann d. Ä. von 1748 bis 1765, jedoch durch den Siebenjährigen Krieg unterbrochen, für den Prinzen Heinrich, einen jüngeren Bruder König Friedrichs II., errichtet. Nach dem Tod des Prinzen im Jahre 1802 diente das Palais verschiedenen Zwecken, unter anderem fand hier auch am 25. April 1809 die konstituierende Sitzung der erstmals gewählten Berliner Stadtverordnetenversammlung statt. Nachdem der König am 16. August 1809 die Gründung einer Universität in Berlin genehmigt hatte, bestimmte er das Palais zum Sitz derselben; am 10. Oktober 1810 wurde sie dann ohne jeden Prunk eröffnet. Ihren alten Namen »Friedrich-Wilhelms-Universität« erhielt sie übrigens erst im Jahre 1828. Nach dem Zweiten Weltkrieg wurde sie 1946 wiedereröffnet und erhielt am 8. Februar 1949 den Namen »Humboldt-Universität«.

Neben dem Westflügel der Universität blickt man in die Universitätsstraße hinein, an deren Ende ein fünffenstriges Gebäude zu

erkennen ist. Hier wohnte der bekannte Arzt Christoph Wilhelm Hufeland von 1804 bis zu seinem Tode 1836 (die Gedenktafel am jetzigen Hause Clara-Zetkin-Straße 4, früher »Bauhof 3«, ist an der falschen Stelle). An der Universitätsstraße begann bis 1937 die
38 Straße Unter den Linden. Das Akademiegebäude trug die Nr. 38 (heute 8). Die Lindenrolle zeigt schon die neugestaltete Fassade, die das breite, aber niedrige Gebäude mit dem 1820 beendeten Umbau durch den Bauinspektor Rabe erhalten hatte. Im Mittelfenster des großen Sitzungssaales im ersten Stock erkennt man auch die vom Hof-Uhrmacher Möllinger geschaffene Uhr, welche damals die Normaluhr Berlins war, nach der alle anderen Uhren gestellt wurden. Sie gelangte beim Abbruch des Hauses in das Märkische Museum, wo sie noch jetzt zu sehen ist. Das Akademiegebäude war im Kern noch derselbe Bau, den J. A. Nering 1687/88 als Marstall errichtete und dessen Lindenflügel 1696/97 für die neugegründete Akademie der Künste aufgestockt wurde. Für die im Jahre 1700 gestiftete »Societät der Wissenschaften« erweiterte man den Marstallkomplex unter Martin Grünbergs Leitung nach Norden bis an die damalige »Letzte Straße« (Clara-Zetkin-Straße). Auch der Erweiterungsbau wurde im Erdgeschoß durch Stallungen in Anspruch genommen, während für die Akademie der Wissenschaften der turmartige Bau mit den Sitzungszimmern und einer Sternwarte an der Letzten Straße 1711 fertiggestellt wurde.

Die ungewöhnliche Kombination von Marstall und Musensitz ließ den Berliner Volksmund später, in Anlehnung an die Widmungsinschrift des Opernhauses »Apollini et musis«, für das Akademiegebäude die Widmung »Mulis et musis« prägen. Am Gebäude selbst war, entgegen späteren Behauptungen, die Inschrift nicht angebracht. Der Akademieflügel Unter den Linden brannte mit seiner wertvollen Kunstsammlung im August 1743 aus. Nach dem durch den Zweiten Schlesischen Krieg verzögerten Wiederaufbau durch J. Boumann d. Ä. 1748/49 wurde der Westteil des Obergeschosses der Akademie der Wissenschaften zur Verfügung gestellt. Die Akademie der Künste konnte ihre Räume erst wieder 1768 beziehen. 1786 fand hier die erste der in Zukunft periodisch wiederkehrenden Kunstausstellungen statt. Im Hauptsaal des Gebäudes hielt seit 1793 der von Karl Friedrich Fasch gegründete »Verein zur Pflege des Chorgesangs« seine Übungen ab, wonach er sich später »Sing-Akademie« nannte. Ihr schönes Haus am Kastanienwäldchen (heute »Maxim-Gorki-Theater«) bezog die Sing-Akademie erst im Jahre 1827.

Für das »Akademieviertel«, das mit dem Marstall, den Ställen der Gardedukorps und seit 1831 auch der Kaserne, der Sternwarte und anderen Einrichtungen den ganzen Raum zwischen den Linden – Charlottenstraße – Letzte Straße – Universitätsstraße einnahm, lagen umfassende Umbaupläne vor, weil hier das seit langem geplante Kunstmuseum eingerichtet werden sollte. Ein

Schwibbogen, ähnlich dem am gegenüberliegenden Palais des Königs, sollte Museum und Universität verbinden. Die 1816 begonnenen Umbauten Friedrich Rabes waren Vorbereitungen hierzu, wurden aber bald als unzulänglich empfunden. K. F. Schinkel fertigte neue Entwürfe an, von denen aber nichts ausgeführt wurde, weil inzwischen seine Ideen für das Museum am Lustgarten feste Gestalt gewonnen hatten. Die von Rabe fertiggestellten Räume im Erdgeschoß des Lindenflügels wurden den beiden Akademien überlassen. Als dann beschlossen war, auf dem Akademiegelände die neue Bibliothek zu errichten, begann 1902 nach über 200jährigem Bestehen der Abbruch der alten Gebäude. Den nach Ernst v. Ihnes Plänen errichteten Riesenbau der Staats- und Universitätsbibliothek weihte Kaiser Wilhelm II. am 22. März 1914, dem Geburtstag Kaiser Wilhelms I., ein. Die Akademie der Wissenschaften erhielt wieder Räume im östlichen Lindenflügel, während die Akademie der Künste bereits seit 1907 in ihrem Haus am Pariser Platz saß.

Jenseits der Charlottenstraße, die hier etwas zu breit wiedergegeben ist, beginnt mit Nr. 39 (10), dem Gasthof »Stadt Rom«, die Reihe der königlichen Immediatbauten, die Georg Christian Unger zur Verschönerung der Straße Unter den Linden schuf. Wenn es ihm auch nicht mehr gelang, alle älteren Häuser durch Neubauten zu ersetzen, so konnte er – und zwar auf der Nordseite besser als auf der wegen ihrer Palais immer als vornehmer geltenden Südseite der Straße – doch seine künstlerische Idee verwirklichen. Obwohl jedes Haus in der Gestaltung seiner Fassade anders aussieht, ordnen sich alle Neubauten einer gemeinsamen Linie unter: Von der Charlottenstraße über die Friedrichstraße bis zur Neustädter Kirchgasse sind die Bauten viergeschossig. Dann beginnt eine Zone dreigeschossiger Häuser, die über die Kleine Wallstraße (seit 1836 Schadowstraße) hinweg bis zum Pontonhof Unter den Linden 74 reicht, wo eine zweigeschossige Zone beginnt, die in die Umbauung des Pariser Platzes überleitet. Das gleiche scheint auch für die Südseite der Linden geplant gewesen zu sein, ist aber, wohl bedingt durch die wertvollen älteren Häuser, in dieser Konsequenz nicht durchgeführt worden.

Um 1820 gab es Ladengeschäfte in der uns geläufigen Form, mit großen Spiegelglasscheiben und verlockenden Auslagen, fast gar nicht. Die meisten Kaufleute weisen nur mit einem bescheidenen Namensschild auf das Vorhandensein ihrer Geschäftsräume hin. Diese liegen im allgemeinen im Erdgeschoß der Häuser, in das von der Straße oft eine kleine Freitreppe hinaufführt, die aber häufig auch durch den Hausflur zu erreichen sind.

Eine kleine Freitreppe führt auch in die Räume des seit 1775
39 bestehenden Gasthofs »Stadt Rom«. Er gehörte zu den vornehmsten der Stadt. Sein Besitzer Kersten verkaufte ihn 1821 an den Hotelier Saust und dieser wieder 1855 an Adolf Mühling. Unter sei-

ner Leitung wurde er als »Grand-Hotel de Rome« nach 1865 und 1875/76 durch Ende & Böckmann ausgeführte Neu- und Umbauten der zeitweilig berühmteste Gasthof Berlins. Populär war der Festsaal, in dem der »Verein Berliner Presse« am 1. Februar 1879 seinen zweiten Presseball und auch die folgenden abhielt, bis man 1886 in den Wintergarten zog. Daß sich Kaiser Wilhelm I. aus der »Stadt Rom« seine Badewanne ausgeliehen haben soll, ist freilich nur eine Legende. Das Hotel, dem inzwischen andere Häuser den Rang abgelaufen hatten, schloß im Oktober 1910 seine Pforten; an seiner Stelle wurde das jetzt noch stehende (in der Charlottenstraße mit Kriegsschäden) Geschäftshaus »Römischer Hof« von A. F. M. Lange und Kurt Berndt erbaut. Wie das Hotel de Rome gehörten alle im Laufe der Jahrzehnte in den Linden entstandenen und wieder verschwundenen Gasthöfe zu den ersten der Stadt, die in jedem Reiseführer oder Hotelverzeichnis ihren festen Platz hatten. Sie trugen entscheidend zu dem unnachahmlichen Fluidum der Straße bei.

40 Winzig wirken die beiden kleinen Häuser Nr. 40 und 42 aus der Anfangszeit der Dorotheenstadt – sie lassen die benachbarten Immediatbauten wie Türme erscheinen. Nr. 40 gehört 1820 dem Rentier und Buchbinder Discher. Es wurde 1876 durch den Architekten Emil Boethke für den Juwelier Friedberg umgebaut und
41 um zwei Stockwerke erhöht. Zusammen mit Nr. 41, das 1820 dem Schwerdtfeger Keitel gehörte, wurde es 1909 abgebrochen und hier durch den Architekten Max Grünfeld ein Wohn- und Geschäftshaus erbaut, das den Krieg überdauert hat und bis 1990 Sitz des Amtes für Außenwirtschaftsbeziehungen war (mit der Hausnr. 12).

Die Häuser Nr. 42 bis 46 sind alle zerstört. Unter Berücksichtigung der starken Verbreiterung der Friedrichstraße, die etwa die Grundstücke Nr. 44 bis 46 (neue Nr. 18 bis 22) umfaßt, entstand auf dem Restgrundstück Nr. 42/43 (14/16) in den Jahren 1964–66 das »Interhotel Unter den Linden« in Großplattenbauweise, mit 200
42 Betten. Nun zu den alten Häusern: Anstelle des Hauses Nr. 42, das 1820 dem Tischler Dösing gehörte, entstand 1858 nach August Stülers Entwurf ein Wohnhaus für den Hof-Juwelier Friedeberg. Unverändert war das 1820 im Besitz der Geschwister Radicke
43 befindliche Haus Nr. 43 erhalten, bis es 1912 durch den Architekten
44 A. Oppenheim modernisiert wurde. Das stattliche Haus Nr. 44 besaß 1820 der Gutsbesitzer Landefeld. Ende der fünfziger Jahre wurde es von Eduard Titz für den Hotelbesitzer J. Arnim aufgestockt und modernisiert; der dabei von Titz geschaffene Festsaal galt seinerzeit als ein Meisterwerk der Innenarchitektur. In diesem Saal hielt Theodor Fontane im Jahre 1860 vor der »Englischen Gesellschaft« über den damals populären englischen Dichter Alfred Tennyson einen Vortrag. Den Saal pachtete 1901 der noch ziemlich unbekannte Max Reinhardt und ließ ihn für sein Kaba-

rett »Schall und Rauch« umbauen. Schon am 25. September 1902
aber eröffnete er hier sein »Kleines Theater« und konnte bald dar-
auf mit Maxim Gorkis »Nachtasyl«, das insgesamt hier 500mal
gespielt wurde, die ersten Triumphe feiern. Nach mehrfachem
Direktionswechsel nannte sich das Haus nach 1933 »Theater
Unter den Linden« und wurde gegen Kriegsende zerstört.

45 In dem schönen Haus Nr. 45 des Konditors Ebecke befindet sich
1820 im Erdgeschoß das »Café Gundelach«. In unserer Zeit setzte
sich diese Tradition fort, als hier – das Haus wurde 1895 für die Hel-
lersche Lampenfabrik vom Architekten H. Jassoy umgebaut – bis
zur Zerstörung das »Café Schön« war. Mit Ausnahme der Laden-
46 und Restauranteinbauten war auch das Haus Nr. 46 an der Fried-
richstraßen-Ecke bis zuletzt unverändert erhalten. Es war das
Wohnhaus des 1812 verstorbenen Direktors des Botanischen Gar-
tens, C. L. Willdenow, und ist 1820 im Besitz seiner Witwe. Außer
einer Konditorei und einem Uhrengeschäft befand sich hier auch
das »Lohnlakaien-Vermittlungsbüro«. Bis etwa 1920 in Berlin als
»Viktoria-Café« und -Hotel bekannt und das dritte im Dreigestirn
der Cafés an der Friedrichstraßen-Kreuzung, war hier zuletzt das
»Café König«.

Das nordwestliche Eckhaus der Friedrichstraße, Unter den Lin-
47 den Nr. 47 (24), besitzt 1820 der Handschuhfabrikant Wernicke. Es
wurde später um ein Stockwerk erhöht und erhielt eine Quader-
putz-Fassade. Seit 1936 steht hier das von E. Meyer-Appenzell
48, 49 erbaute »Haus der Schweiz«. Das Nachbargebäude Nr. 48 und 49
(26) ist eines der Häuser, hinter deren Fassade sich zwei Grund-
stücke verbergen. Ihre Besitzer pflegten das häufig durch den ver-
schiedenen Anstrich ihrer Hausteile zu unterstreichen. Nr. 48
gehörte dem Bäcker Ferdinand Lejeune, der sich später »Jung«
nannte, und Nr. 49 dem Uhrmacher Schunigk. Jung vereinigte spä-
ter beide Teile und ließ 1864 einen Neubau errichten, der wie-
derum 1913 durch das von Bielenberg & Moser erbaute Haus der
»Preußischen Central-Boden-Kredit-AG« verdrängt wurde. Das
noch existierende Gebäude beherbergte bis 1990 die Außenhan-
delsbank der DDR.

50, 51 Auch Nr. 50 und 51 (28–30) ist ein Doppelhaus mit gemeinsa-
mer Fassade. Der größere Teil, Nr. 50, gehört 1820 dem Cafetier
Soltsien, dessen Nachfolger 1850 der Konditor Spargnapani wurde.
Seine Konditorei war als »Hauptquartier der Zeitungstiger«
bekannt und verschrien. In diesen Räumen eröffnete Anfang der
siebziger Jahre Rudolf Dressel († 1901) sein berühmt gewordenes
Restaurant, das eine »Institution« im Berlin vor dem Ersten Welt-
krieg war. Der kleine Hausteil Nr. 51 gehörte 1820 dem Oberkir-
chenvorsteher der Dorotheenstädtischen Kirche Berner, der im
Erdgeschoß ein Galanteriewarengeschäft betrieb. 1912/13 ent-
stand anstelle des alten Doppelhauses das »Mercedeshaus« der
Daimler-Motorengesellschaft durch die Architekten Klingenberg

& Beyer. Dressels Restaurant bestand auch im Neubau weiter.
Nach einem Umbau 1927/28 war es »Geschäftshaus der Gemein-
schaftsgruppe deutscher Hypothekenbanken«; auch jetzt wird es
52 als Bürohaus genutzt. Im Hause Nr. 52 (32) war 1820 die Tichysche
Weinstube, es gehörte dem Kriegsrat Thym. Es bestand als einzi-
ges in dieser Reihe bis zur Zerstörung fast ganz in seiner alten
Form, nur mit durch Ladeneinbau verändertem Erdgeschoß –
53 zuletzt von der Hanomag-Vertretung genutzt. Nr. 53 (34) gehörte
1820 dem Apotheker Lucae mit der Apotheke »Zum roten Adler«.
Es brannte im Kriege aus und mußte mit den Resten von Nr. 52
einem modernen Bürohaus weichen, das die Lücke zwischen den
erhaltenen Vorkriegsbauten schließt. Seit den siebziger Jahren
war hier die Botschaft Großbritanniens bei der DDR.

54, 55 Das stattliche Haus Nr. 54/55 gehörte 1820 dem Rentier Schu-
mann. Es stand an der Ostecke der Kleinen Kirchgasse; hier starb
1867 Wilhelm Stolze, der Meister der deutschen Kurzschrift, an den
früher eine Gedenktafel erinnerte. Ende der sechziger Jahre
erbaute Eduard Titz hier für den Bankier Lion ein neues Haus, das
1939 für den Erweiterungsbau des Bürohauses »Zollernhof« abge-
brochen wurde. Dabei verschwand auch die Kleine Kirchgasse.
Dieses große Bürohaus, bis zur Mittelstraße 45–48 reichend,
wurde 1911 nach Entwürfen von Bruno Paul erbaut. Es war bereits
56 das vierte Haus an dieser Stelle. Das zweite, Nr. 56, zeigt die Lin-
denrolle. Es gehörte dem Kriminalkommissar Gemmel. Als Mieter
wohnte hier der Flügeladjutant des Königs und frühere Adjutant
Blüchers in den Befreiungskriegen, Oberst Graf v. Nostitz. Er
schien aber nicht anwesend zu sein, denn das Schilderhaus für
den Wachtposten rechts vom Eingang ist leer. Zwei Schilder am
Hause weisen auf das Geschäft des Kleidermachers Held hin. Seit
den fünfziger Jahren war hier bis zum Abbruch das »British-
Hotel«. Im ehemaligen »Zollernhof« (jetzige Nr. 36/38) hatte nach
Behebung der Kriegsschäden der Zentralrat der »FDJ« der DDR
bis 1990 seinen Sitz.

57, 58 Das große Doppelhaus Nr. 57/58 (40) gehörte 1820 dem Leih-
bibliothekar Meinhard und dem Kaufmann Behm. 1855 wurden
beide in einer Hand vereinigt. Als 1907 der Abbruch angekündigt
wurde, erhob sich großer Protest, der den schönen Ungerschen
Bau jedoch nicht retten konnte. Die Architektur- und Baufirma
A. F. M. Lange und Kurt Berndt schuf das prächtige Geschäftshaus
der Internationalen Schlafwagen-Gesellschaft »Wagon-Lits«. Es
hat fast unbeschädigt den Krieg überstanden und beherbergt seit
den siebziger Jahren, als im Zuge der Deutschlandverträge auch
die West-Alliierten die DDR international anerkannten, die Fran-
59 zösische Botschaft bei der DDR. Nr. 59 (42), das Eckhaus an der
Neustädter Kirchgasse, besitzt 1820 der Friseur Garcke, der ehren-
amtlicher Bezirksvorsteher des »Quarré-Bezirks« war. Er hatte
das Haus von der Witwe des Chirurgen Voitus gekauft. In deren

Wohnung gründete Karl Friedrich Fasch am 24. Mai 1791 den Chor, aus dem die Sing-Akademie hervorging. Auch dieses Haus existiert nicht mehr, der spätere Bau aus den 1870er Jahren mit der bekannten wissenschaftlichen Buchhandlung von A. Asher & Co. ist zerstört.

Von den Häusern der Lindenrolle zwischen Neustädter Kirchgasse und Kleiner Wallstraße war vor 1939 nur noch eins erhalten, auch die danach an ihrer Stelle errichteten Bauten fielen 1935 der Abbruchhacke oder später dem Bombenkrieg zum Opfer. Jetzt nimmt die ganze Lindenfront als einziges Gebäude (neue Nr. 44–60) das 1962–65 erbaute Ministerium für Innen- und Außenhandel der DDR ein, das bis 1990 diesem Zweck diente. Die alte Geschichte dieser Häuserreihe ist wegen der drei Doppelhäuser und ihrer späteren Zerteilung nicht ganz unkompliziert. Das Eck-
59a/60 haus Nr. 59a/60 besaß 1820 der Archivar der Akademie der Wissen-
61/62 schaften, Kriegsrat Frentzel; das Doppelhaus Nr. 61/62 der Kaufmann Voigt und der Buchbinder und Kunsthändler Hasselberg, dessen Ladenschild gut zu erkennen ist, und das Doppelhaus
63/64 Nr. 63/64 gehörte dem Sattler Strahler und dem Bäckermeister Schleuse. Als 1864 auf den Grundstücken Nr. 62/63 mit zwei verschiedenen Haushälften ein Neubau für Dr. Epenstein entstand, mußten auch die Grundstücke Nr. 61 und 64 neu bebaut werden. Im Epensteinschen Haus war seit den 1870er Jahren das Restaurant von Karl Hiller, noch vornehmer und exklusiver als Dressel. Die Häuser Nr. 59a–63 (44–50) wurden 1935 für den Bau des Tunnels der Nord-Süd-S-Bahn abgebrochen. Am längsten hatte sich von den »Lindenrollen-Häusern« der 1772 errichtete und 1820 dem
65 Rentier Kerwitz gehörende Immediatbau Nr. 65 gehalten, aber nach dem Ersten Weltkrieg wurde er unschön modernisiert. Zusammen mit dem 1905 von A. F. M. Lange und Kurt Berndt errichteten Geschäftshaus von Jules Bister, das auch das vierte Haus an dieser Stelle war, stand es als Ruine noch bis 1961. Die
66 Häuser Nr. 66, 1820 dem Branntweindestillateur Schultze, und
67 Nr. 67, 1820 dem General-Postkassen-Rendanten Detring gehörig, wurden 1866 und 1892 durch Neubauten ersetzt. Das Eckhaus
68 Nr. 68 an der Kleinen Wallstraße mußte 1876 einem Neubau weichen; es gehörte 1820 dem Kaufmann Friedrich Wilhelm Oehmigke. In dem alten Haus wohnte Giacomo Meyerbeer von 1842–45 während seiner Amtszeit als Generalmusikdirektor der Königlichen Oper.

Leider kann man nicht auf die Westseite der Kleinen Wallstraße blicken. Dort würde man nämlich das Wohnhaus des Bildhauers und Akademiedirektors Johann Gottfried Schadow in seiner Gestalt vor dem Umbau von 1850 sehen. Es steht auf dem Gelände des Walles, der sich bis 1733 von der Behrenstraße bis zur Spree hier entlang zog. Nur ein einfacher Durchlaß mit einer Zugbrücke verband die Straße Unter den Linden mit dem Tiergarten. Bei der

Erweiterung der Dorotheenstadt nach Westen wurden Wall und Brücke beseitigt, nur der Graben bestand als kleines Rinnsal noch bis nach 1800. Das Schadowsche Wohnhaus wurde übrigens im Jahre 1888 vom Preußischen Ministerium des Innern gekauft und als Dienstwohngebäude genutzt; 1902 durch einen Zwischenbau mit dem Hauptgebäude Unter den Linden verbunden. Die Kleine Wallstraße wurde noch zu Lebzeiten des Künstlers, der am 27. Januar 1850 starb, im Jahre 1836 in »Schadowstraße« umbenannt.

Von den alten Bauten im Straßenteil zwischen Schadow- und Neuer Wilhelmstraße (seit 1964 »Otto-Grotewohl-Straße«) haben zwar einige den Krieg als Ruinen überstanden, mußten aber später Neubauten weichen. Anstatt der auf der Lindenrolle gezeigten acht Häuser (seit 1873 noch sieben) stehen heute hier nur noch drei Gebäude: Nr. 62–68 (alte Nr. 68a bis 71), das 1962–64 erbaute Bürogebäude »TEXTILCOMMERZ«, ursprünglich »Wiratex«; Nr. 70/72 (alte Nr. 72/73 und ein Streifen von Nr. 74), die 1964–66 erbaute Polnische Botschaft bei der DDR, auf dem ehemaligen Gelände des Preußischen Innenministeriums, und Nr. 74/76 (alte Nr. 74 und 75), die ebenfalls 1964–66 erbaute Ungarische Botschaft bei der DDR, auf dem ehemaligen Grundstück der Kriegsakademie bzw. des Innenministeriums und dem Grundstück der ehemaligen Kunsthandlung von Schulte.

Nun zurück in die Zeit der Lindenrolle. Das Eckhaus an der Kleinen Wallstraße, hier ohne Hausnummer, gehörte noch zum
68a Haus Kleine Wallstraße 14 und wurde als Nr. 68a (62) der Linden erst abgeteilt, als 1867/68 der Baumeister Wilhelm Lüer das Aquarium auf dem Hinterland des Grundstücks erbaute. Nach Alfred Brehms Angaben eingerichtet, wurde es am 11. Mai 1869 eröffnet. Es war damals das größte der Erde. Um aus finanziellen Schwierigkeiten herauszukommen, ließ die Aquarium-Gesellschaft 1890/91 anstelle des alten Vorderhauses durch den Architekten und Baumeister Carl Gause das Hotel »Minerva« errichten. Nicht zuletzt, weil sich der Hotelbetrieb mit dem Publikumsverkehr des Aquariums nicht vertrug, wurde das letztere am 1. Oktober geschlossen und seine Tiere an das neue Aquarium in Leipzig und an den Zoo in Frankfurt am Main verkauft; das Hotel bestand noch
69 bis nach dem Ersten Weltkrieg. Das Haus Nr. 69 (64) gehörte 1820 der Frau v. Salviati; Baurat Wilhelm Walther erbaute 1889/90 an der Stelle das Wohn- und Geschäftshaus des Dr. Freund. Aus der Zeit der Stadterweiterung nach 1734 stammen die Häuser Nr. 70
70 (66) und 71 (68). Nr. 70, mit stattlicher Freitreppe, gehörte 1820 dem Geheimen Legations-Rat v. Gaulthier. Es war bis zur Zerstörung in einem Umbau des Jahres 1877, der die Freitreppe beseitigte, erhal-
71 ten. Ebenso Nr. 71, mit leicht veränderter Fassade, einem Erker statt des Balkons, mit Läden im Erdgeschoß und ohne Freitreppe. Es gehörte 1820 dem Rentier Benjamin du Titre, dem Schwager der durch ihr schrulliges Benehmen stadtbekannten Madame

Marie Anne du Titre. Hier wohnte der Philosoph F.W. J. v. Schelling von 1843 bis zu seinem Tode 1854.

72 Der Immediatbau Nr.72 (70) gehörte 1820 dem Stadtgerichts-
73 Direktor Beelitz und das besonders stattliche Haus Nr.73 (72) dem Kriegsrat Frentzel, der den Immediatbau aber nicht selbst bewohnte. Sein Mieter war der Englische Gesandte, Baron v. Rose; auch die Büros der Gesandtschaft befanden sich hier. Nachdem der Preußische Staat im Jahre 1837 bereits Nr.73 gekauft und zum Dienstgebäude für das Innenministerium bestimmt hatte, wurde unter Einbeziehung von Nr.72 in den Jahren 1873–77 als Umbau der alten Häuser vom Regierungs-Baumeister Julius Emmerich der charaktervolle Bau geschaffen, der als Ruine noch bis 1964 stand. Recht gut ist auf der Lindenrolle die Front des Pontonhofes zu erkennen, der aus drei nebeneinanderliegenden, langgestreckten Gebäuden bestand und 1736 erbaut wurde. Sein großes Grundstück reichte ursprünglich bis an die Spree. Nach den Befreiungskriegen wurde die Königliche Artilleriewerkstatt auf das Gelände des Pontonhofes verlegt, wodurch eine städtebauliche Neuordnung der westlichen Dorotheenstadt in Gang kam. Anstelle des
74 eigentlichen Pontonhofes, Unter den Linden 74 (74), wurde 1822/23 ein Dienst- und Wohngebäude für die »Artillerie- und Ingenieurschule« erbaut, zu dem K. F. Schinkel die Fassade entworfen hatte. 1876 kam das Institut nach Charlottenburg, und das Haus Unter den Linden wurde der Kriegsakademie übergeben. Nach deren Auflösung durch den Friedensvertrag von Versailles nutzte seit 1921 das Preußische Innenministerium das Gebäude. Bis zur Zerstörung 1945 war hier als Abteilung des Reichsinnenministeriums seit 1934 der Dienstsitz des »Chefs der Ordnungspolizei«.

(Hier ist den einstigen Herstellern der Lindenrolle ein Irrtum passiert: Nach dem Pontonhof mit Nr. 74 geht es *nicht,* wie eingezeichnet, mit Nr. 72 bis 75 weiter, sondern mit Nr. 75 bis 78!)

75 Das hier anschließende barocke Wohnhaus Nr.75 (76) gehörte 1820 dem General der Kavallerie, Graf v. Schwerin. Um 1855 umgebaut zu einem vierstöckigen Hause im Stil florentinischer Palazzi und zeitweilig Sitz der Württembergischen Gesandtschaft, wurde es 1906/07 durch das von Alfred Messel erbaute Haus der Schulteschen Kunsthandlung ersetzt. Dieser führende Berliner Kunstsalon hatte vorher seine Räume mietweise im gegenüberliegenden Redernschen Palais, das zur gleichen Zeit dem Neubau des Hotels Adlon weichen mußte. Zuletzt gehörte das Schultesche Haus der
76 »Deutschen Rentenbank-Kreditanstalt«. Das Haus Nr.76, das die Lindenrolle noch zeigt, war 1818 von der Fürstin v. Schönburg durch den Fiskus gekauft worden, um für die geplante Verlängerung der Wilhelmstraße zum Schiffbauerdamm und zur Charité abgebrochen zu werden. Zu dieser Zeit wohnte hier noch Achim v. Arnim zur Miete. Der Abbruch erfolgte 1821, und 1822 war der von Schinkel entworfene Neubau durch den Besitzer, den Maurermei-

ster Adler, fertiggestellt. Ein Saalbau überbrückte die seit 1822 so genannte »Neue Wilhelmstraße« (seit 1964 »Otto-Grotewohl-Straße«) und verband die Bauteile rechts und links derselben. Von 1839 bis 1854 war in dem für Wohnzwecke unbrauchbaren großen »Adlerschen Saal« im Obergeschoß die Universitätsbibliothek untergebracht. Aus »Verkehrsrücksichten« wurde der Mittelbau 1867 abgebrochen; der östliche Flügel stand noch bis 1906, der westliche bis 1938 als Unter den Linden Nr. 76a (78).

77 1938 verschwand auch das barocke Wohnhaus Nr. 77 (80), das 1820 dem Rentier Huot gehörte. Lange Zeit war hier das Hof-Jagdamt als Mieter untergebracht. 1855 erhielt es durch den Baumeister August Hahnemann sein letztbekanntes Aussehen. Sein Eigentümer vor der Vereinigung mit dem Nachbargrundstück Nr. 78 (82) im Jahre 1938 war Friedrich Fürst zu Solms-Baruth.

78 Das Eckhaus Unter den Linden 78 (82)/Pariser Platz hat auch eine interessante Vergangenheit. Ursprünglich nach des Architekten Friedrich Jacob Graels Entwurf 1736 für den Konsistorial-Präsidenten v. Reichenbach erbaut, kam es später an den General v. Borck, und 1820 gehörte es der Witwe des Generals v. Saldern, der Tochter des Vorbesitzers. Ein Schilderhaus mit Wachtposten zeigt, daß hier ein hoher Offizier wohnt, nämlich der Generalleutnant v. Schlieffen, Direktor des Invaliden-Departments im Kriegsministerium. Nachdem das Haus noch einige Jahre dem Porzellanfabrikanten Johann Friedrich Ferdinand Schumann gehörte, erwarb es nach dessen Tod 1835 im Jahre 1836 der Schwiegersohn der Madame du Titre, Bankier Wilhelm Christian Benecke von Gröditzberg. Die Nobilitierung hatte er 1829 nach seinem Besitz Gröditzberg in Schlesien erhalten. Er ließ das Barockpalais umbauen und aufstocken, so daß es in seinen Umrissen einigermaßen dem kurz vorher von Schinkel umgebauten Redernschen Palais an der gegenüberliegenden Ecke angeglichen war. Nach Beneckes Tod 1860 ging das Haus in andere Hände über. Bis in den Ersten Weltkrieg hinein war es mit seinen weitläufigen Zimmerfluchten ein beliebter Wohnsitz für Angehörige des Hohen Adels und für Millionäre, die eine repräsentative Mietwohnung einem eigenen Hause vorzogen. Das Märkische Museum besitzt ein Bild von einem unbekannten Maler, welches den »Salon einer adligen Familie« im Gröditzbergschen Palais zeigt. 1922/23 wurde das Haus von den Architekten Paul Mebes und Paul Emmerich zum zweiten Male umgebaut und um zwei Stockwerke erhöht und damit wiederum dem anderen Eckhaus der Linden – jetzt dem Hotel Adlon – angeglichen. Die »Deutsche Länderbank«, für deren Zwecke das Haus umgebaut wurde, war nachher Mieter der »Fugger«-Grundstücks-AG, die 1938 im Zuge der Speer-Planung für die »Neugestaltung der Reichshauptstadt« den Grundstückskomplex Pariser Platz – Unter den Linden – Neue Wilhelmstraße – Dorotheenstraße erwarb und mit Neubauten und dem Umbau der alten Gebäude

hier ein großes Verwaltungsgebäude für die I. G. Farben errichten wollte. P. Mebes und P. Emmerich hatten bereits die Pläne dafür entworfen. Der Krieg ließ den begonnenen Bau stocken, und Anfang der sechziger Jahre wurden die Ruinen abgeräumt.

Hier endet die Straße Unter den Linden und mündet in den Pariser Platz ein. Er wurde früher auch gern etwas emphatisch als »Empfangssalon Berlins« bezeichnet. Die Ostwand des Platzes bilden die Häuser Unter den Linden 1 (77) und 78 (82). Die auf der Lindenrolle noch sichtbare barocke Einheitlichkeit der Platzumbauung wurde in den 1840er Jahren durch Umbauten und Höherzonungen zerstört, ist aber in den Jahrzehnten danach durch entsprechende Angleichungen zu neuer Einheitlichkeit gebracht worden. Am 7. August 1903 trat übrigens eine Polizeiverordnung in Kraft, die bestimmte, daß »die Fronthöhe der Gebäude an der Westseite des Pariser Platzes (bzw. der heutigen Ebertstraße) das Maß von 16,5 Metern und an der Nord- und Südseite des Pariser Platzes das Maß von 20 Metern nicht übersteigen dürfe«. Diese Bestimmung ist Bestandteil der neuen Bauordnung von 1925 geblieben.

Auch die Häuser der nördlichen Platzseite zeigen sich 1820 noch wie zur Zeit ihrer Erbauung um 1735. Haus Nr. 5 gehörte der Gräfin v. Hagen; Friedrich Nicolai erwähnt hier (Ausgabe 1786, Bd. II, Seite 786, Seite 819 und Seite 841) die Bibliothek, die Naturaliensammlung und die Kunstsammlung des Vorbesitzers, des Kriegsrates Köppen. Als Mieter wohnte hier bis 1820 der erste Preußische Kultusminister, Karl Freiherr v. Altenstein. Für alle Häuser auf der Nordseite des Platzes gilt übrigens, daß ihre Grundstücke um 1820 noch nach Norden bis an die Spree reichten. Bei der Aufteilung und Parzellierung im Zusammenhang mit der Durchlegung der Dorotheenstraße nach Westen bis zur Stadtmauer im Jahre 1842 machten die Besitzer zum Teil recht gute Geschäfte. Nachdem Nr. 5 später im Besitz des Branntweinbrenners Möwes und seit 1853 des Kommerzienrates H. C. Carl war, erwarb es 1862 die Regierung Frankreichs als Sitz seiner diplomatischen Vertretung in Preußen und seit 1871 in Deutschland. Bereits August Stüler baute in den vierziger Jahren das Haus um und legte die Auffahrtrampe anstelle der Freitreppe an. 1883 bekam das Haus dann das Aussehen, das es bis zur Zerstörung hatte, durch einen vom Baumeister Cohn begonnenen und durch die Architekten Kyllmann & Heyden beendeten Umbau, der unter anderem den säulengetragenen Balkon über der Auffahrt hinzufügte.

Das Bild des Platzes wird wesentlich geprägt von dem breit sich lagernden Nachbarhaus Nr. 6 mit seinen 19 Fenstern Front; auch das Haus Nr. 7 neben dem Brandenburger Tor auf der Westseite des Platzes gehört dazu. Es ist auf der Lindenrolle nur mit dem das seitliche Torhaus überragenden Dach zu sehen. Das große Grundstück reichte nach Norden bis zur Spree und im Westen bis zur Kasernenstraße vor der Stadtmauer. Der Berliner Stadtpräsident Adam v. Neuendorf ließ sich 1735 die Häuser erbauen. 1759 richtete der Baumwolltuchfabrikant Johann Georg Sieburg (1722–1801) seine Weberei und Druckerei ein, die eine der führenden Manufakturen in Berlin wurde. Sieburg errichtete hier auch eine Maschinenspinnerei, die 1804 mit 118 Arbeitern die größte war; der damals moderne Dampfbetrieb erwies sich allerdings noch als unrentabel. Nach 1815 ging der Betrieb ein, Grundstück und Häuser wie auch die von Friedrich Nicolai erwähnte Kunstsammlung (Ausgabe 1786, Bd. II, Seite 849) gehörten 1820 noch der Familie, bzw. der verwitweten Obristin v. Scholten, einer Tochter Sieburgs. In den hinteren Fabrikgebäuden befand sich damals die neue Heesesche Feintuchfabrik. Die repräsentative Auffahrtrampe wurde 1805 angelegt, als der Herzog von Azarenza Pignatelli/Graf Bresson hier zur Miete wohnte. Ein anderer vornehmer Mieter war 1830 der Dänische Gesandte Graf von Reventlow.

Im Jahre 1842 erwarb der Hofzimmermeister Carl August Sommer (1801–1873) das Sieburgsche Anwesen. Bereits 1843 teilte er der Baupolizei seine Pläne für die Umgestaltung der Häuser mit, die von August Stüler entworfen wurden. 1844 beginnt der Umbau, der 1846 beendet ist. Die Häuser erhielten ein zweites, zum Teil auch ein drittes Obergeschoß und Nr. 6 über der Auffahrtrampe noch einen stattlichen, von Pfeilern getragenen Balkon. 1847 erwirbt Sommer auch das Haus Pariser Platz Nr. 1 und läßt es nach Stülers Plänen in gleicher Form wie Nr. 7 umbauen. Mögen für Sommer auch spekulative Gründe für seine Tätigkeit am Pariser Platz maßgebend gewesen sein – 1844 und 1850 parzellierte er sein Grundstück –, so bleibt ihm doch das Verdienst, die einheitliche Gestaltung und Modernisierung des Platzes zusammen mit dem Architekten August Stüler maßgeblich beeinflußt zu haben. Diese, man kann sagen, städtebaulichen Verdienste, dann auch die Durchlegung der Dorotheenstraße und neue Häuser an der Kasernenstraße, haben wohl die Verleihung des »Roten Adlerordens III. Klasse mit der Schleife« an ihn veranlaßt. Sommer war auch von 1849 bis 1863 unbesoldeter Stadtrat im Berliner Magistrat und wurde 1864 von den Stadtverordneten zum »Stadtältesten« ernannt. Schon vorher, am 19. Januar 1859, wurde durch Allerhöchste Kabinettsorder die Kasernenstraße ihm zu Ehren in »Sommerstraße« umbenannt (sie war der Teil der heutigen Ebertstraße zwischen dem Brandenburger Tor und dem Reichstagsufer). Er war immerhin so vermögend, daß er 1870 mit seinem Grundbesitz in Schöneberg (an der Potsdamer Straße) und einem Kapital von 500000 Talern ein Fideikommiß errichten konnte.

Carl August Sommer wohnte selbst im Hause Pariser Platz 6. 1869 verkaufte er es an den Bankier Magnus Herrmann, nachdem er schon 1844 das Grundstück Nr. 6a abgetrennt und 1861 an den

Bankier Ernst Jacoby verkauft hatte. Vor 1933 erinnerte eine Gedenktafel daran, daß der Komponist Giacomo Meyerbeer hier von 1848 bis 1862 als Mieter wohnte. Zu diesem Haus gehörte auch Sommerstraße 2 (Ebertstraße 24), das Haus mit dem bekannten Turmaufbau, in dem unter anderem der Hof-Architekt Kaiser Wilhelms II., Ernst v. Ihne, wohnte und arbeitete. Das Stammgrundstück Nr. 6 erwarb 1895 der »Kohlenhändler« und Grubenbesitzer Fritz Friedlaender, der 1906 unter dem Namen »von Friedlaender-Fuld« in den preußischen Adelsstand erhoben wurde. Mit einem Vermögen von 46 Millionen Mark war er 1912 nach dem Kaiser der reichste Mann Berlins. 1902 ließ er die rechte Hälfte seines Hauses abreißen und durch Ernst v. Ihne ein prachtvolles Palais auf dem nun als Nr. 5a abgeteilten Grundstück errichten. Dieser Neubau, mit seiner Firstlinie das ältere Haus um etwa ein Geschoß überragend, hat die alte Harmonie der Platzwand empfindlich gestört. Das Haus, zu dem ein Theatersaal und eine Tennishalle gehörten, sah die Hofgesellschaft, die Staatsminister und Mitglieder des Herrscherhauses als Gast in seinen Mauern. 1939 wurde es von der Friedlaender-Fuldschen Nachlaßverwaltung – wahrscheinlich zwangsweise – zusammen mit Nr. 6 an den »Generalinspektor für das deutsche Straßenwesen« verkauft; gleichzeitig hatte hier der »Präsident der Durchführungsstelle für die Neugestaltung der Reichshauptstadt«, Oberbürgermeister a. D. Zörner, seinen Sitz. Er wurde während des Krieges in das Nachbarhaus Nr. 6a verlegt. Dieses gehörte den »Landauschen Erben« als Nachkommen des Geh. Medizinal-Rats Prof. Dr. Leopold Landau, dem zusammen mit seinem Bruder Theodor die berühmte »Landausche Frauenklinik« in der Philippstraße 21 gehörte. Er starb 1920 – das Haus am Pariser Platz hatte er nach 1900 erworben.

Nun bleibt noch Pariser Platz Nr. 7 zu erwähnen. Der Neubau wurde 1857 von dem Kaufmann und Kattunfabrikanten Louis Liebermann gekauft. Sein Sohn Max war damals zehn Jahre alt. Beim Tod des Vaters 1894 erbte er das wertvolle Anwesen. Der bekannte Atelieraufbau auf dem Dach des Hauses wurde 1898 hinzugefügt. In diesem Haus mußte Max Liebermann den Fackelzug am Abend von Hitlers Regierungsantritt am 30. Januar 1933 erleben; hier ertrug er zwei Jahre eines Exils, bis er am 8. Februar 1935 im Alter von 87 Jahren starb. Sein Haus wurde ebenso wie Pariser Platz Nr. 1 durch Bomben zerstört. Aber es stand bereits auf der Speerschen Abbruchliste, denn an die Stelle der beiden Häuser sollten die Flügelbauten des Brandenburger Tores gerückt werden, um dieses freizustellen. Die Speer-Planung sah auch den Abbruch der Häuser Pariser Platz 5a, 6 und 6a, Ebertstraße 24 bis 27 und Dorotheenstraße 38 bis 41 vor, um an dieser Stelle ein »Dienstgebäude einer obersten Reichsbehörde« zu errichten. Das den Streifen der Lindenrolle abschließende Wachtgebäude des Brandenburger Tores trug zuletzt die Haus-Nr. 8 und war in der Verwaltung der »Preußischen Bau- und Finanzdirektion«. Der Bildstreifen mündet hiermit wieder in seiner Kapsel mit dem Brandenburger Tor, das somit – wie den Beginn – auch den Abschluß unserer Betrachtung der Straße Unter den Linden im Jahre 1820 bildet.

Die »Lindenrolle« steht genau am Beginn der Biedermeierzeit, also dem Anfang der »Restaurationszeit«. Sie zeigt das bürgerliche Berlin – der Adel dominiert in dieser Straße nicht –, sie zeigt das bürgerliche Leben auch mit seiner Alltagsseite und seinen auch hier noch kleinbürgerlichen Zügen. Die Wandlung von der Wohnstraße, Promenade und Feststraße zur Geschäftsstraße und zum Fremdenverkehrszentrum um 1900 – mit immer noch wenigen Staatsgebäuden auf dem eigentlichen Teil der »Linden« zwischen Pariser Platz und Friedrichsdenkmal – über die Triumphstraße der Nationalsozialisten bis hin zur zu 99 Prozent in Staatsbesitz befindlichen sozialistischen Sackgasse – hinter dem Brandenburger Tor stand bekanntlich die Mauer, und schon der Pariser Platz durfte nicht betreten werden – wird im Begleittext umrissen. Wie und zu was aber wird sich die Straße in Zukunft wandeln?

LITERATURVERZEICHNIS

Die Bau- und Kunstdenkmäler von Berlin. Bearb. von R. Borrmann. Berlin 1893

Bericht über die Gemeinde-Verwaltung der Stadt Berlin in den Jahren 1861 bis 1876. Berlin 1879–1881, 3 Bde

Bericht über die Gemeinde-Verwaltung der Stadt Berlin in den Verwaltungsjahren 1901 bis 1905. Berlin 1907–1908, 3 Bde

Berlin und seine Bauten. Bearb. u. hrsg. vom Architekten-Verein zu Berlin und der Vereinigung Berliner Architekten, Berlin 1896, 2 Bde

Krieger, Bogdan: Berlin im Wandel der Zeiten. Berlin 1924

Nicolai, Friedrich: Beschreibung der Königlichen Residenzstädte Berlin und Potsdam, aller daselbst befindlicher Merkwürdigkeiten, und der umliegenden Gegend. 3. Aufl. Berlin 1786, 3 Bde

Rave, Paul Ortwin: Karl Friedrich Schinkel, Lebenswerk: Berlin. Berlin 1941–1962, 3 Bde

Schulz, Joachim und Werner Gräbner: Berlin. Architektur von Pankow bis Köpenick. Berlin 1987

Volk, Waltraud: Historische Straßen und Plätze heute: Berlin. 7., bearb. Aufl. Berlin 1980

Arndt, Monika: Die Ruhmeshalle im Berliner Zeughaus. Berlin 1985 (Die Bauwerke und Kunstdenkmäler von Berlin; Beih. 12)

Danke, Rudolf: »In diesem Hause wohnte Max Liebermann«. Die Häuser Pariser Platz 1 und 7. In: Der Bär von Berlin. Jahrbuch d. Vereins für die Geschichte Berlins. 15. 1966, S. 99–132

Gebrüder Friedländer 1829–1929. Berlin 1929

Geyer, Albert: Geschichte des Schlosses zu Berlin. Bd 1, Berlin 1936

Ein Haus unter den Linden. Festgabe zum fünfjährigen Bestehen des Werberates der deutschen Wirtschaft (Felix Hasselberg). Berlin 1938

Das Hotel Adlon am Pariser Platz in Berlin. In: Deutsche Bauzeitung. 41.1907. No. 99, No. 102, No. 103

Hotel Adlon. Berlin um 1910 (Werbeschrift)

Ideenwettbewerb zur Umgestaltung der Straße »Unter den Linden«. In: Deutsche Bauzeitung. 59.1929, No. 98

Jacobson, E.: Was sich die Linden erzählen. Berlin um 1860 (Berliner Stadtklatsch; Nr. 7)

Krieger, Bogdan: 150 Jahre Gebr. Habel 1779–1929. Berlin 1929

Küpper, Roland: Das von Rohdich'sche Legaten-Haus. Potsdam 1928

Lessing, Julius: Zeughaus und Ruhmeshalle in Berlin. Westermanns Monatshefte IV, März 1884, Heft 330

Löschburg, Winfried: Unter den Linden. Berlin 1972

Mitteilungen des Vereins für die Geschichte Berlins:

- Voß, Georg: Die Straße Unter den Linden um das Jahr 1822. 25.1908, S. 72–81
- Lazarus, J.: Zur Geschichte der Straße Unter den Linden. 25.1908, S. 82–88
- Gilow, Hermann: Zur Ergänzung des in der Aprilnummer fehlenden Stückes des Bildstreifens Unter den Linden. 25.1908, S. 136–139
- Frensdorff, Ernst: Die Anzeige des Bildstreifens der Straße Unter den Linden in der Haude und Spenerschen Zeitung Nr. 139 v. 18. 11. 1820. 25.1908, S. 170–171
- Zeller, Adolf: Das Linden-Panorama von 1820. 36.1919, S. 32–33
- v. Siefart, Emil: Einst und Jetzt aus der Dorotheenstadt. 44.1927, S. 10–16
- Klünner, Hans-Werner: Das Panorama der Straße Unter den Linden vom Jahr 1820. 1.1965, S. 2–8; N.F. 2.1965, S. 22–26; N.F. 4.1966, S. 49–56

Die Neue Wache als Gedächtnisstätte für die Gefallenen des Weltkrieges. Berlin 1931

Panorama der Straße Unter den Linden. Hrsg. u. komm. von Winfried Löschburg. Leipzig 1986 (Das Lindenpanorama von 1849)

Peschken, Goerd und Hans-Werner Klünner: Das Berliner Schloß. Berlin 1982; 2. Aufl. 1991

Rodenberg, Julius: Unter den Linden. Berlin 1888

Seidel, Paul: Der Lustgarten am Schlosse in Berlin bis zu seiner Auflösung im Jahre 1715. In: Forschungen zur brandenburgischen und preußischen Geschichte. 3.1890, S. 89–124

Siebenborn, Claus: Unter den Linden. Berlin 1949

Sievers, Johanes: Berlin Unter den Linden. Ausg. Berlin 1943, Ausg. Berlin 1944 (Führer zu großen Baudenkmälern; 5)

Der Straßenbahntunnel Unter den Linden zu Berlin. In: Deutsche Bauzeitung. 50.1916, No. 30, No. 31, No. 33, No. 78

Unter den Linden 1680–1980. Ergebnisse des Wettbewerbs »Wie soll Berlins Hauptstr. sich im 20. Jahrhundert gestalten?« Veranst. v. d. Moschr. Städtebau u. Wasmuths Monatsh. f. Baukunst. Berlin 1927

Unter den Linden. Hrsg. Berlin-Information 1969

Wendland, Folkwin: Der Lustgarten am Berliner Schloß. In: Jahrbuch für brandenburgische Landesgeschichte. 20.1969, S. 94–139

Zur Hundertjahrfeier des Geschäftshauses Gerold am 7. März 1904. Berlin 1904

HANS-WERNER KLÜNNER

wurde 1928 in Berlin geboren. Bis Mai 1991 war er im Referat Öffentlichkeitsarbeit der Senatsverwaltung für Bau- und Wohnungswesen tätig. Er ist Vorstandsmitglied mehrerer Geschichtsvereine. Als einer der kenntnisreichsten Stadthistoriker hat er zahlreiche Bücher, Aufsätze und Kataloge zur Geschichte, Bau- und Kunstgeschichte sowie zur Geistesgeschichte Berlins verfaßt. Von 1979 bis 1989 war er Herausgeber des »Berlin-Archivs«.

DANKSAGUNG

Hiermit danken Verlag und Verfasser dem »Verein der Freunde und Förderer des Berlin Museums e.V.« für die Erlaubnis, die in seinem Besitz befindliche und dem Berlin Museum als Dauerleihgabe überlassene »Lindenrolle« fotografieren zu dürfen und als originalgetreue Nachbildung mit der Kapsel sowie in Buchform zu veröffentlichen. Damit ist ein langgehegter Wunsch der vielen Freunde des Linden-Panoramas in Erfüllung gegangen.

Hinweis für den Betrachter der Bildstreifen zusammen mit dem Begleittext:

Der Begleittext mit den Erläuterungen beginnt auf dem unteren Bildstreifen rechts mit der Südseite der »Linden« vom Pariser Platz bis zum Schloß und setzt sich fort im oberen Bildstreifen mit der Nordseite vom Schloß zurück bis zum Pariser Platz.